U0053899

邁向科際整合的政治學研究

Quest for Interdisciplinary Study of Political Science

台灣大學國家發展研究所◎策劃

李炳南◎主編

石之瑜等◎著

主編序

　　本書收錄台灣大學國家發展研究所學術系列演講「邁向科際整合的政治學研究」之成果，內含十篇文章。本系列演講由本所何輝慶老師以及本人共同邀集來自不同學門的專家學者，透過不同學科與政治學的交流對話，討論政治學與其他學科的科際整合研究發展。我們很榮幸地邀集了哲學、經濟學、人類學、法律學、社會學等不同領域的專家，就其領域與政治學間的整合研究，給本所師生一個精彩的演說。在此，謹向他們致上由衷的謝意。

　　本書所收錄的演講內容，包括日本的漢學研究、古典康德思想、政治社會學，乃至於深受行為主義影響的政治學經驗研究、後現代結構主義等等。本所師生在參與該系列演講後，均表示受益匪淺，並且擴展了社會科學研究的視野。

　　此外，承蒙所有蒞臨本所演講之講者慨然支持與大力協助，本演講文集乃得以順利付梓。最後，我還得向以下幾位女士先生誌謝，他們是周海蕙助教以及吳柏寬、林展暉、李瑞清幾位同學；他們的校對聯繫，是本演講集能順利完成的重要推手。

　　本書是政治學跨領域整合研究的一個嘗試，疏漏在所難免，然我們誠摯地希望藉此拋磚引玉，在學術界獲得一些迴響。

台灣大學國家發展研究所所長

李炳南

二〇〇七年五月五日

目　錄

東京學派的漢學脈絡

——白鳥庫吉的科學主張及其思想基礎

石之瑜

中山大學政治學研究所／台灣大學政治學系教授

美國丹佛大學國際研究博士

研究興趣：中國研究、政治心理學、文化研究

葉紘麟

台灣大學政治學研究所研究生

*本文曾刊登於《問題與研究》，45：5，頁 1-16。2006。

一、日本當代中國研究源起

　　所謂中國研究的科學化，往往並不是指中國研究作為一個研究領域，其本身方法論的科學化，而是指如何運用社會科學的理論來分析中國，或者從中國研究的經驗中，提煉出對於社會科學普遍性法則有啟示的理論主張[1]。在非基督教世界中，接受這樣挑戰最早的是日本的中國史學，在時間上甚至早過於當代獨占鰲頭的美國的中國研究。對日本知識界這段歷程的回溯，有兩個作用：第一，整理早期日本追求中國研究科學化的問題意識，並與當代美國社會科學式的中國研究議程相比，進而看出科學化的意義並非科學本身決定的，而是知識界所處的社群歷史脈絡在起主導的作用。雖然這樣的作用並不能決定具體研究議程的開展，而且仍然必須理解個別學者本人的學術進程與創意，但是已經足以說明所謂科學化，並不能視為是在建立普世性的法則。第二，說明中國研究科學化的發展，與科學化議程所要脫離或切斷的固有知識傳統，之間有千絲萬縷的關聯性，從而揭露科學化主張所依附的問題意識，並非科學研究方法所能產生，進而闡述何以科學化之後的中國研究，繼續與科學方法看似無關的政治過程相互介入。

　　日本國學界通說的兩大派別——東京學派與京都學派，都是在這個脫離傳統漢學的歷史進程中開展的，代表人物分別是白鳥庫吉與內藤湖南。兩個學派的分野如今已經有所模糊，但是早期發跡階段卻有在方法論上明顯的不同主張。內藤湖南創建支那學，力主從中國本身的情況出發，掌握中國歷史自身的邏輯與自

---

[1] 參考 Harry Harding, "The Study of Chinese Politics: Toward a Third Generation of Chinese Politics," *World Politics* 36: 2 (January 1984).

身的進程，他因此得出中國社會的近世乃開始於宋朝，到清末已經老化的重大主張。白鳥庫吉反是，其認為應該運用科學方法對史料史籍進行考證，從中國發現普遍的歷史法則，超越狹隘的歐洲知識。雖然強調科學理論的是東京學派，但並不代表京都學派反對科學，只是京都學派不以普遍性命題為其研究旨趣。兩人方法論容或差異，但又分享共同的歷史背景，及其所醞釀的研究意圖。質言之，兩人在面對傳統漢學時，都追求擺脫超越，以建立不受修身養性之學束縛的客觀知識；兩人在面對西方的中國研究時，都有競爭的心態，致力於超越西方的日本中國學；兩人在面對中國時，都是在帝國的學術機制之下，對帝國活動所在的版圖進行認識[2]。他們都希望讓日本取得在中國之外面對中國的知識位置，並且能生產出比歐洲更為精進的中國知識。

　　本文以下從白鳥庫吉追求科學化的努力展開，摘錄他所提出的東洋史學主要內容，介紹他建立東洋史學的動機，並分析此一研究議程在既有思想脈絡下的意義，從而將不屬於此一東洋史學的其他中國研究成果相對化，據以提供社會科學界的中國研究社群在今後自我反省時，有所參考。

二、與歐洲爭勝的普遍性知識

　　白鳥庫吉開創東洋史學，從他對自己知識議程的命名上，就已經展現出要否決西洋史作為普遍法則來源的企圖。日裔學者 Stefan Tanaka 撰寫的 *Japan's Orient* 對他大加介紹，並比較白鳥與

---

[2] 白鳥庫吉引於，白永瑞，〈「東洋史學」的誕生與衰退——東亞學術制度的傳播與變形〉，《台灣社會研究季刊》，59（2005.9），頁 276。

內藤湖南的支那學[3]。白鳥對過去與中國相關的研究有很大的批評，認為儘管日本的漢學不同於中國的漢學，但是始終把自己設身處地放在漢學領域，浸淫在經史子籍的文本裏，投入到特定語境中追求某種自我表達，造成研究主體與研究對象的區隔模糊，以致於科學的歷史研究與哲學相互混合。他甚至認為，真正的歷史並不存在於特定的歷史事件中，應該跳脫歷史事件，故真正的歷史不是靠理解特定的事實，而是要掌握歷史上的因果關係。咸信他的思路受到所師承德國歷史哲學家 Leopold von Ranke 的影響，幾乎後世研究白鳥庫吉的學者無人不提到他，據此，白鳥發展了科學的東洋史學。東洋史學研究的，是中國的儒家文明，他以身在儒家之外的姿態進行研究，追問東洋史的發展如何反映普遍客觀的歷史因果規律，如同是研究一個東西，並證明歷史上所發生的事件，並非意外，事件不是突然出現，必有原因；或一個具體的英雄人物，如何其實是在反映社會發展，而扮演推動歷史法則的工具性角色。

白鳥遠渡重洋赴歐學習，接受了這套科學研究方法，也接受了西洋的線性史觀。他認為歷史的發展可以分成三階段：第一個階段是宿命神信仰，人類處於沒有明確意識的狀態；到了第二階段，就開始有神學，是關於人與神的學問；到了第三階段則進入實證立場，而日本就是已經從神學進入實證階段的社會。相形之下，中國仍然停留在最原始的宿命神階段。

白鳥的老師之一是那珂通世（Naka Michiyo），他是日本史學界大大有名的先輩，更是後世中國學之祖。那珂通世是江堵家的養子，他這位養父本身則是從田口家過繼到江堵家的養子，內藤湖南的岳父正來自田口家族，京都學派的創始人與東京學派的創

---

[3] 參見 Stefan Tanaka, *Japan's Orient: Reading Pasts into History* (Berkeley: University of California Press, 1993).

始人共享一個時代，一個階層，於焉證實。那珂偕同三宅米吉（Miyake Yonekichi）兩個人在日本開辦「文」這份刊物，那珂當時已強調東洋史學，並正式採用「支那」一語，寫了《支那通史》一書[4]，力圖擺脫以中國中心的概念來指涉中國。在漢學裏，中國是文化概念，日本隱然出自中國。相形之下，支那作為地理疆域，在語言上是一項發音，以發音取代形象，可有助於去除孔子所在就是中央之國，而日本則屈就邊陲的印象。相對於此，竹內好曾批評漢學有一種不死之身，因為漢學變成修養之學，漢學研究到今天為止仍在日本非常重要，但阻饒日本人從自己的內心產生一種不斷自我否定的態度，於是沒有辦法真正站在中國之外看中國文化[5]。不過，白鳥並沒有提出自我否定的內在領會，可是卻有某種共同的動機，因為竹內好提出自我否定，是在批判日本知識界不分青紅皂白崇拜歐美，故強調日本必須要透過不斷自我否定，才能夠抗拒歐美的入侵。白鳥沒有這種自我否定的意識，但是他否定漢學的目的，仍然是要與歐美從事競爭。

　　白鳥與歐洲競爭的心強烈，他認為歐洲人用科學研究中國時受到限制，因為歐洲只能從歐洲的自我認識出發，用歐洲眼光來研究中國，當然比不上日本有東洋史學為基礎，則在普遍性法則的建立上，日本經由對中國的理解，會比由歐洲來瞭解更強，那就可以超過歐洲。若加上日本已經瞭解西洋史上的一些通則，自然比歐洲更能夠掌握到真正普遍的歷史法則，甚至表示日本史學可以比歐洲更瞭解歐洲。

---

[4] 那珂通世在日本明治二十一年（1988）發表《支那通史》。
[5] 竹內好，《近代的超克》，孫歌等編譯（北京：三聯，2005），頁 212。

三、白鳥庫吉的東洋史學

　　白鳥概念當中東洋史的指涉，主要就是東北亞大陸上的中國，朝鮮與蒙古。他大量利用歐洲所學到的社會科學、地理學、語言學、宗教學與民俗學，藉由歐洲已經發展出的科學方法來研究中國史，從事考證，重新推理，發展出超越傳統的看法。白鳥對中國研究最大的貢獻可以歸納成兩大點，這兩大點彼此相互關聯。首先就是疑古，從他出道開始就不斷的推翻許多有關中國史的傳說。他曾師承重野安繹（Shigeno Yasutsugu），重野安繹是日本中國研究史上出名的抹煞博士，也就是把歷史傳說抹煞，證明為虛構。白鳥也是以抹煞而成名，他把中國史上口耳相傳，或經文字渲染已習以為常的傳說，一一考證，透過語言、宗教信仰、地理學的分析，加以推翻。最有名的是堯舜禹抹煞論[6]，甚至有主張中國知名考證學家顧頡剛就受到白鳥的啟發[7]。白鳥推翻中國歷史上有堯舜禹的主張，在日本漢學界引起軒然大波。許多漢學家為文反擊。白鳥則考證認為，堯舜禹在中國歷史傳說中是代表三種中國文化價值：堯代表屬於天的天下為公的價值、舜代表屬於人的孝順價值、禹代表屬於地的勤勞價值。他認為天人地是儒家思想的三個關鍵支柱，象徵三種美德。從儒家出現的時間，足以判斷堯舜禹就是春秋戰國以後創造出來的，目的是為宣揚儒家價

---

[6] 白鳥將中國古代傳說解讀為人類普遍性歷史階段的表徵，見作者不詳：《中國古傳說之研究》，載《東洋時報》131（1909），輯於劉俊文（編），黃約瑟譯：《日本學者研究中國史論助選譯第一卷通論》（北京：中華書局，1992），頁 1~8。

[7] 到底顧頡剛有沒有受到白鳥庫吉的影響，本身就是考證學很有趣的一個問題，在網路上都可以看到這方面的辯論。見吳銳，《中國思想的起源》，上編（濟南：山東教育出版社，2004）。

值。白鳥庫吉不只抹煞堯舜禹，他另外也指證朝鮮的緣起也是杜撰的。

　　白鳥庫吉的學生津田左右吉（Tsuda Soukichi）繼承成白鳥衣缽，從事於解構日本大和民族的源起，針對有關大和民族緣起記載的古事記及日本書紀，加以推翻，所以後來津田左右吉遭到軍國主義者指控為侮蔑天皇。戰後津田表明支持天皇制度，被認為是立場轉向，但他只不過認為應讓天皇回到人世間，認為天皇作為一個凝聚國民的角色，比作為一個虛擬的神更有意義的[8]。這一類辯駁與白鳥在推翻堯舜禹的時候，如出一轍。即白鳥認為，堯舜禹一經解構，其所象徵儒家最高的文化價值才獲得真正能凸顯。

　　從堯舜禹抹煞論出發，連接到白鳥對於天的研究，對於白鳥整個東洋史之科學發展極具意義。白鳥主張透過語言學的考證，從字根、語言，發音著手，比透過血緣或其他考證更準確。他對蒙古的研究膾炙人口，辯稱蒙古族是中國與歐洲共同的起源。他從歐洲各社群文化、字根、語言中發現蒙古人遺留之證據，在中國也發現蒙古人遺留的證據。根據他的考證，在西元前三世紀左右，蒙古活動所在的中亞，成為歐洲與遠東共同之起源。蒙古人敬天思想同時影響了歐洲和日本。他於是把天的概念視為人類歷史發展中永恆不變的定律，透過蒙古人的敬天，與在歐洲所形成歐洲與中亞的後代或遺族，使天的概念同時進到歐洲。也就是說他對蒙古的研究，旨在掌握東洋與西洋之間的通性，在於大家都對天敬仰。歐洲對於天的信仰到後來成為基督教。

　　歐洲的基督教發展到了北美之後，又來到非洲與東方，藉由傳福音，成為歐洲人面對非洲的一個很重要的思考角度，與認識非洲的基礎。相信這些對象都是有待拯救的靈魂。有神與沒有神，

---

[8] 劉萍，《津田左右吉研究》，北京：中華書局，2004，頁 223。

在歐洲的觀點中，就是文明高下很重要的判準。如果歐洲的基督是一個關於天的價值反應，則儒家文化在東洋則是另一個天的價值傳承，如此，這東洋與西洋在本體論上就是平等的。也就是人類普遍的敬天價值然後到歐洲發展成基督教，到東洋發展成儒家。不過，堯所象徵的天的概念不是中國人的思想，而是全世界都有，歐洲有、美國有，在遠東固然不能說不是中國人的思想，也同時是朝鮮人的思想，更是日本人的思想[9]。

但是，天在中國的發展與在日本的發展不同，儘管共通性是都有天。白鳥認為天是中國人與日本共有的思想，也是東洋人與西洋人共有的思想。天在西洋與在東洋發展成不同的信仰，在中國與日本也發展成不同的信仰。中國藉由儒家發展成後來中國人的敬天祭祖，可是在日本透過神道，有另一種不同於西洋或中國的宗教精神。而中國既無神道，後世演變成白鳥所謂的水平的大眾社會，不同於日本是封建社會。在關於水平社會與垂直社會的對比上，京都學派的中國研究頗有建樹，內藤湖南最有名的史論，就是在指出中國在宋朝就進入到大眾社會，因此他提出了宋代近世說，論證的基礎是在宋朝以後，中國就沒有世家、豪強、藩鎮[10]。相對的，日本是神道的封建社會，具有濃厚的宗教性質，提供日本人一個自我認識的不變基礎，從天照大神以降，在後代形成了大和魂的民族本質論。

中國則變成一個具有文學性的社會，透過文制，講求天理，儒家把天的價值轉變成制度。所以中國人信服的是天下為公的道理，不是種族概念，以至於北方的蠻族入侵，只要接受同一套文制禮儀，等蠻族內化了高等文化之後，中國人皆可以接受之。中

---

[9] Tanaka, *Japan's Orient*.
[10] 關於如何判定近世的標準載於，內藤湖南，《中國通史論》（北京：社會科學文獻出版社，2003），頁 323-334。

國人既不需要與北方民族搏鬥，又不需要改變自己，因此缺乏強健自己的民族性的動機，也就無法形成進步的動力。日本自身則是一個神的民族，偶而對抗北方民族，要求強健與進步，提倡尚武精神，後來發展出武士道論述。故日本有學習的動力，學習外來文化不會改變日本基於神道的自我認識。中國儒家文化靠著轉化、內化外族的龐大力量，把外族也變的與中國一樣軟弱，貪圖享受君儀天下的儀式地位。中國徒有道德主義，但缺乏宗教精神，沒有一種內在於自己的執著。中國作為非國族的水平大眾社會，儒家的儀式制度最重要的功用在於化解出紛爭，雖然不進步，卻又不斷把北方野蠻民族內化，終於產生自大驕傲，自認永遠高於別人。不需要學習的結果，中國的自我認識便束縛於儒家文化，凡外來文化都威脅到中國的自我認識，這就是中國淪為極端文化保守主義的原因，永遠是中國改造外族，不會是中國向外學習。如此這般仰賴外在的文制，導致中國乃是一種沒有精神內涵的文化[11]。

　　白鳥就接著推論，天這是個普遍性的概念，東洋與西洋都有。儒家的敬天在中國、日本都有，在中國變成文化保守主義，在日本開展成神道。但是，西洋人根據自己的基督教，誤以為東洋沒有基督教，就以為看到了差異，認定東洋與西洋不一樣，通過歐洲人自己代表的普遍性，自認為掌握了東洋的不足，誤指歐洲有神，東洋沒有神。白鳥批評這樣的東洋認識，因為東洋是有神的，而且日本已經超越中國，從江戶末期開始引進蘭學（荷蘭），接觸到科學，然後有明治維新，發展出近代性，再到達大正時期蓬勃發展的思想。白鳥認為，就像日本超越中國一樣，日本遲早也要超越歐洲。因為日本不斷學習，才能真正掌握到跨越東、西洋的

11　Tanaka, *Japan's Orient.*

普遍原則，從而可以把各種文化融為一體。所以不管是佛教也好、儒家也好，最後他通通會歸於東洋。一旦通通歸於東洋之後，日本就要超越歐洲。

　　與天論息息相關的，是白鳥有關文化保守的南北論。簡言之，中國被北方蠻族入侵的時候，完全不需要靠自我轉化進步去面對蠻族，只要用文化來同化。對中國人而言，禮儀制度最重要。由於日本沒有沒有被北方蠻族占領過，所以日本可以維繫宗教精神，萬世一系不曾間斷。白鳥的學生津田左右吉所否定的本事記與日本書紀，就是後世用來臆測神道之始的根據，如此神道精神解釋了何以日本沒有對天皇革命。日本的萬世一系比歐洲更優秀，因為日本的神道是在世的，厥為天皇，不像歐洲或其他宗教的，都由已經往生者在代表，比如耶穌或穆罕默德早都辭世，只有日本天皇還在世[12]。

　　相對於日本，中國人會革命，因為中國人推崇天下為公，到底哪家哪姓在統治，其實對中國人並不重要，只要能夠符合儒家理想，老百姓就會接受為天命所在，臣服其下。中國於是發展出民本思想，既是民本，所以統治者不需要具備內在不變一以貫之的神性。論述上的所謂天命，是老百姓可以推翻的，徒有天命而不能萬世一系，若天命真的是從天而來，應該是一以貫之，故其實這從來沒有真正的天統治過中國。因為沒有真正的天，中國人只能靠不斷更換不好的皇帝來維繫天命。其結果，中國的神永遠不會高於人，神如果不會高於人，人也就不必效忠君，百姓一旦推翻政權，猶如取得天命。不過，白鳥庫吉在講述辛亥革命時，看到了中國歷史發展出現變動的跡象，他反對通說辛亥革命是排滿的種族鬥爭，而主張歐洲的新思想在撞擊中國舊思想的表現。

---

[12]　Tanaka, *Japan's Orient.*

四、東洋史學的漢學脈絡

　　白鳥從宏觀理論的建立去理解中國，並追求超越西洋普遍性，開展同時包含東洋與西洋在內的真正的普遍性。對普遍性的追求與今天所熟悉的社會科學知識論呼應。不過，如果進一步去問，他從中國與日本的差異入手，來找尋普遍性的方法，與歐洲從西洋與東洋差異入手界定普遍性，方法論頗為雷同。換言之，這種對普遍性的追求，是以解釋並消弭差異為目的的，而對差異的理解，更必須是以某種自我理解為前提，然後才能在這個前提上，提出研究對象如何與自己有所差異[13]。事實上，同一代人強調中日差異的大有其人，赫赫有名的如福澤諭吉，之後有津田左右吉，當代有溝口雄三，而把中日連結面對西方進行競爭的思想家更不乏其人，諸多亞洲主義的作假均屬於此類，而他們這些哲學家、思想家、史學家之中、沒有一個人可能通過白鳥的科學方法檢證。即使如此，白鳥的普遍性假設卻與他們或強調中日差異，或強調東西差異，有異曲同工之妙，那麼白鳥庫吉的東洋史學對普遍性的追求之所以比漢學家高明，就只是用了普遍性的語言而

---

[13] 社會科學的學習不能不念 Karl Popper 的警告，即不能追問科學家的假設哪裡來的。假設是思考的結果，處在雲狀階段，不容許外人檢驗或介入。科學家應該關心的是這個假設能不能通過事實檢驗。Karl Popper 提出否證論，他認為科學精神是透過不斷的否證，逐步靠近外在客觀的現實而獲致，不是靠質問科學家的假設哪裡來而獲致，唯有如此，更好的假設才有可能提出來。Karl Popper 另一本思想名著「開放社會及其敵人」就以此為類比，各政黨如何提出政綱並不重要，只要政策能通過選票考驗，就成為實踐，不能通過就會被廢止。如此更好的政綱才會行程，故選票形同科學否證方法。試圖干涉政綱有如干涉理論假設的形成，極權社會肇因於此。但是本文想要做的，卻恰恰就是質問白鳥庫吉的假設從哪裡來，為什麼會認為中日之間某些差異很重要，必須加以解釋。這些東西是不是真的像 Karl Popper 所說的是雲狀階段。

已了。

　　顯然白鳥執著與普遍性的理論是受 Ludwig Riess 的啟發，但是他的理論假設，尤其是關於日本的自我認識與中日差異的設想，顯然另有師承，而且與他批評的漢學息息相關。其中一位是前述的那珂通世，那珂通世第一個把「支那」的概念放進歷史，但那珂的養父則是漢學家！同時白鳥庫吉另外一位師承是島田重（Shimada Kouson）禮[14]，島田重禮幾乎是日本當代知名漢學家的共同師承，島田重禮漢學造詣非常之高。之前提到的「抹煞博士」重野安繹，也是白鳥的老師。可見白鳥的師承非常複雜，因此，Stephen Tanaka 評論說白鳥如同縱橫家[15]，把他老師們各種各樣的觀點都綜合起來。白鳥的理論假設與他所要脫離的漢學之間，實際存在千絲萬縷的關連。如果不問說這些假設從哪裏得到靈感，就不能發現所謂普遍理論，與關於普遍理論的假設，是受到日本漢學界的自我認識所制約。

　　在江戶晚期，通說日本漢學界分成三派——「朱子學派」、「陽明學派」與「古學派」。初始，朱子學派所主要面對的對象是佛教，朱子學派排佛，指控佛學是虛學，本學派則是實學。朱子學後來就作為幕府的官學，強調孝悌忠信，成為江戶晚期的主流。除了排佛，在蘭學進來之後，朱子學者還排斥基督教。[16]後來有朱子學者進一步強調神學跟儒家的調和，可見朱子學後來發展成很多不同風貌。排斥虛學，結合神道，官學，與孝悌忠信的名分，是四大特色。不過，後來的維新學派在批評朱子學時，也正是批評朱子學是虛學。虛實的概念是朱子學所創造，故維新學派乃是在朱

---

[14] 他在日本的歷史上被批評做「東西二腐儒」；東方的腐儒是島田重禮，西方的腐儒是井上哲次郎，因為他們兩個都是幫官方。

[15] Tanaka, *Japan's Orient*.

[16] Tanaka, *Japan's Orient*.

子學所創造出來的虛實對立話語中，來批評朱子學。

朱子學發展到後來引起漢學界的反省批評。率先是陽明學派，絕大部分陽明學者早期的都是朱子學者，後來轉進陽明學當中也有人是朱王並取，就是朱熹與王陽明兩邊都接受。陽明學派講求正心誠意、格物致知，與致良知，而不是像朱子學派講究名分，多屬外在的禮儀教化。其中佐藤一齋即朱王並取，他的學生佐久間象山是日本近代史上極為關鍵的重要人物，曾提出「東洋道德西洋藝」的主張。這不同於張之洞的中體西用，因為張之洞的體是指制度，而佐久間的道德，是講大和民族，以日本的心來學習西學。溝口雄三認為張之洞的「中體西用」的中仍舊影射一種天下的概念[17]，故國家的本身不是那麼重要，重要的是天下，受到威脅的是天下的體制，且所面臨亡國保種的危機中，其中「國」和「種」都不是作為現代主權國家的中國，而是作為儒家文化道統的中國。但佐久間的東洋道德，則反映了日本萬世一系的宗教精神，足以支持日本向現代國家制度開放引進。後世編入維新學派的佐久間象山的老師則是朱王並取。如果沒有佐藤一齋的朱王並取也把正心誠意致良知加以傳承，佐久間象的道德基礎就不能存在；這就可以看到維新學派與陽明學派之間的藕斷絲連。

古學派比朱子學派與陽明學派對於白鳥更相關。古學派主張回溯先聖，擺脫朱子回歸先王之道，像朱子講氣與理，往往重於理而輕忽氣，古學派重新把氣找回來，氣涵蓋物理學的概念，指向某種主客觀二元的區隔，而理是一種主觀導向的學說。準此，古學派重視作為客觀現象的人欲；當朱子學派主張去人欲，古學派以古論今，推崇先王照顧百姓，重視人欲；人欲是一個事實，所以古學派又非常重視禮樂邢政。古學派中另有強調不能把先王

---

[17] 溝口雄三，《作為「方法」的中國》，林崇佑譯（台北：國立編譯館，民88），頁53。

的文字翻譯成日文來讀，而要漢文直讀，重視直接的感受者，在直接感受中體現真實性；這與對名分或孝悌忠信的關懷，有天壤之別。所以古學派形成對主流的朱子學一個扭轉[18]。

而古學派回歸先王，把先王之道與朱子學區隔的話語機制，在白鳥之後區隔中日的這種問題意識與研究議程上，具體而微地再現。白鳥能夠把東洋的天找回來，可以說是在古學派對朱子學批判的同一邏輯上進行的，朱子成為古學派用來代表中國墮落的象徵，從而可以做為區隔中日的一個基礎。古學派所回溯的先王之道，象徵更原始的價值，投射出白鳥所考證的敬天思想，則先王乃東洋之先王，而非中國之先王。

古學派以降，知識界在開國壓力下，凸出了維新學派與國學派這兩派。維新學派有蘭學的根源，出自江戶晚期西學經由荷蘭館的開放流入而得名。維新學派即強調經驗與實證，主張凡事應有根據。他們在現實世界中則強調經濟與發展實業及工業，鼓吹後來稱之功利主義的思想。功利主義思想與古學派之強調人欲，若合符節，雖然兩者是兩個完全不同的學派。古學派強調無神論，訴諸先王，維新學派卻要求走出古人，後者面對日本的開國，把日本概念化，虛化，接納西洋的價值與體制，其中正暗含著古學派的方法學。這個方法學就是把日本的漢學提高在中國的漢學之上，放空日本的實體性，故日本可以取代中國成為漢學正統，則為維新不過是再把漢學換成了西學，使日本成為西學的正統而已[19]。後世認為最有名的維新派學者是福澤諭吉，年輕時其實熟讀漢學，及長，鼓吹日本應該支持亞洲鄰國的維新派，但後來擔心日

---

[18] 丸山真男，《日本政治思想史研究》，王中江譯（北京：三聯，2000），頁168-180。

[19] 孫歌，《主體彌散的空間》（南昌：江西教育出版社，2003），頁231。

本會遭到歐洲視為野蠻亞洲鄰國之同類，而主張脫亞[20]。

維新學派引進進化論，重視國權，主張解放亞洲。維新學派的觀點乍看與六零年代美國的現代化學派對開發中國家的態度相似[21]，其實大謬。維新學派的學者中秉持日本精神，並轉向成為神道主張，並結合國學派的大有人在。許多講民主自由的思想家甚至後來都變成國粹派[22]；可以看出維新學派講民主自由的時候，顯然與歐洲人有別，並不具有與西方民主自由中人同樣的心情。維新學派崛起於「明六社」的成立，明六社批評日本的統治文化，推動議會制度；可是最後辯白說議會制度過於早熟的，正是早期就參加明六社推動民主議會的加藤弘之[23]，他試圖服大家說民主議會並無迫切，等於助長軍國主義。其他還有人轉向支持法西斯，說明維新學者與講求孝悌忠信的官學，在情感上頗能互通。他們用漢學的情感引進西洋價值，固有謂漢學為「不死之身」者[24]。

最後，影響日本之後軍國主義最重要的就是國學派。國學派強調大和民族的大和心，指陳中國的沒落。他們接受歐洲當代對中國象形文字的解析，覺得中國文字太複雜[25]。國學家主張凡事應該訴諸真的感情。所以古學派講漢文要直讀，但國學家非常反對漢字，認為造成繁文縟節，使人無法掌握世界的真實，必須訴求直接情感才能進入真實性，於是更強調簡樸，而中國人沒有真實

---

[20] 參見福澤諭吉，《文明之概略》，北京編譯社譯（北京：商務印書館，1982）。

[21] 參考 Nils Gilman, *Mandarins of the Future: Modernization Theory in Cold War America* (Baltimore: The Johns Hopkins University Press, 2003).

[22] 如德富蘇峰，參見陳秀武，《日本大正時期政治思潮與知識份子研究》（北京：中國社會科學出版社，2004），第二章。

[23] 參見日本近代日本思想史研究會著，《近代日本思想史》第三卷，那庚辰譯（上海：商務，1992）。

[24] 竹內好的觀點，參閱孫歌，〈日本「漢學」的臨界點〉，2005.7.20，http://www.frchina.net.

[25] David Martin Jones, *Image of China in Western Social and Political Thought* (London: Palgrave, 2001), pp. 52-70.

的情感，不能夠團結。因為訴諸感覺，古學派有一種神秘主義的氣質，也擁有絕對主義的情感，不需要用語言去潤飾，透過情感上的契合，貼近並發揚大和心，這到後來當然很容易為軍國主義所使用[26]。文學界則與浪漫主義結合，雖不是很明確的直接具體說明，但正是這種文字所體現的一種無法具體言說的文學性，隱含對西方採取批判則無疑義。國學派宣稱日本是居中的大和心，這樣的一種訴求透露對原始的、神秘的、絕對的一種想像。

五、「不死之身」的東洋史學

中國沒落正是白鳥他要解釋的現象，而中國已然沒落的判準，不可避免是來自國學派與維新學派。白鳥指出，中國是因為有儒家與文化保護主義，而日本是宗教精神萬世一系，故可以不斷學習，並發展尚武精神這些近代價值。然而，從維新學派到國學派都早就不斷有此討論，所以白鳥並沒有脫離朱子學與反朱子學的學術議程，而是深深地鑲嵌在同一個傳統裏，站在傳統對待中國的態度變化中，操弄研究對象。白鳥也把日本看成居於中間，好取代中國成為天下中心，白鳥確實也集合儒學與佛學，努力超越歐洲。當然不能說白鳥庫吉就是國學派，但白鳥所要證明的理論假設，在日本知識界聽起來其實並不突兀，都是在知識界、在漢學裏已長期討論的內容事。同一代的人們也許不熟悉他的科學語言，甚至很訝異於他的一些具體主張，反對他的研究方法，這其實類似於朱子學、陽明學與古學派之間彼此相互批評，卻有一套彼此溝通理解的話語，自不待論。尤其是陽明學與古學派，儘

---

[26] 參見 Harry Harootonian, "The Function of China in Tokugawa Thought," in A. Iriye (ed.), *The Chinese and the Japanese* (Princeton University Press).

管對朱子學大量作批判，但有一點是共同的，即都能結合神道。無論如何不能說陽明學派與古學派是同朱子學截然兩分。白鳥區隔中國與日本的認識論基礎，何嘗沒有神道的宗教精神，與萬世一系的思考為其前提。

白鳥庫吉受漢學影響之深，或許還不能從問題意識的內容體現，而必須進一步從他發展東洋史學的動機來看。他所營建的東洋史學，具有一種漢學的姿態。所謂漢學的姿態，就是竹內好所謂的「不死之身」，具體而言，就是採取了華夷世界觀框架來面對自己所處的世界。在華夷世界觀中，並不是主權國家分立，也不是東西洋之間的對峙，而是一種中心與邊陲居於彼此既相防、又相容的模糊狀態，在漢學眼光裏就是天下、中原或天朝的一種正統觀。深受漢學洗禮的日本知識界，繼續已這樣的天下與正統的視角，觀看自己與中國及西洋的關係。最初是以中國為正統，俟滿清入主中原，便開始感覺漢學中心東移至日本；後來西洋勢力入侵，又改以西學為正統，並如同白鳥那樣，進一步追求真正的的普遍性，超越西方，儼然就是逐鹿中原的心態，持續在華夷世界的框架中認識自己。儘管正統所賴以呈現的價值或文字制度已然變遷，但天下不以東西分，而以華夷分的習慣，卻保留到今天的日本知識界。東西方的區隔是工具性的，不能拘束中原何在。漢學作為不死之身，依舊以某種內容不定的華夷之辨，在面對世界。

以江戶時代的國學思想家山鹿素行與山崎闇齋的言論為例進行討論。山鹿素行在《中朝事實》一書中將中國視為一個文化觀念，認為只有在孔子之前的中國才配得上是中國，之後的中國大陸由於背離孔孟的道路而且經歷過多次的易姓革命，實在是稱不上使用中國的名號；反之，日本由於自神武天皇以來垂天照大神之嗣，「神神相生、聖皇連綿」，萬世一系連綿不絕，「得其中」，

所以政治安定，三綱不遺，才是真正的中國。這正是白鳥東洋史
學的重要主張，但更重要的是，山鹿素行在其他的論述中，多稱
日本為中華或中朝。雖然說山鹿素行的論述內容有很強的神道色
彩與尊皇思想，但是山鹿素行其實也借用了中國的尊卑定位方
式，彰顯了日中差異，突出日本的主體性，以及日中地位的對調。
漢學那種華一世界觀的框架體現於此[27]。山崎闇齋就更具刺激性的
案例。山崎闇齋曾經與門生有一段有趣的對話：

> 〔山崎闇齋〕嘗問群弟子曰：「方今彼邦，以孔子為大將，
> 孟子為副將，牽數萬騎來攻我邦，則吾黨學孔孟之道者為之
> 如何？」弟子咸不能答，曰：「小子不知所為，願聞其說。」
> 曰：「不幸關逢此厄，則吾黨身披堅，手執銳，與之一戰而
> 擒孔孟，以報國恩，此即孔孟之道也。」

山崎闇齋將中國視為與日本不同的彼邦，在此前提之下，山
崎闇齋對中國的文化認同被其對日本的政治認同壓下，甚至於闇
齋以為「貫徹孔孟之道」的文化認同，還必須透過打敗同屬「孔
孟之道」文化範疇的敵人才能得到確認。也就是說，漢學的不死
之身引導知識界去最關心自己所代表的正統性，而不是來自周邊
的侵略性[28]。

　　薩依德在批判東方主義時，指出歐陸作家自居普遍性的位
置，而把東方描述成是落後的、奇特的、帶有威脅的、異教的、
陰暗的、將遭天譴的空間疆域[29]。東方主義者迴避自己的身分位
置、模仿上帝的口吻對東方指指點點，於是把自己設定成非東方
的永恆存在，不可界定，無所不在，自由往返。與此相反的就是

---

[27] 參考梅琴，《山鹿素行》，（台北：東大圖書公司，1990）。
[28] 參見岡田武彥，《山崎闇齋》，（台北：東大圖書公司，1987）。
[29] 參見《東方學》，（北京：三聯，1999）。

天下觀，天下觀並不關心西洋具體代表什麼正面或負面的意義，即使是負面的，當也不同於東方主義對東方鉅細靡遺的想像。天下觀所更關心的，也是與西洋相對的東洋，自我質問東洋代表什麼？這個被西洋所迫出來的東洋認同，一度墮落成邊陲的蠻夷，以西洋為中心。任何復興的行動，都是逐鹿中原的舉動，現在則以東洋為基礎，這個基礎是歐陸的東方主義者所強加的，是逐鹿中原的人不可逃避的身分。於是漢學家也以東洋自況，把原本沒有一致性的亞洲，想像成是與西洋相對的東洋，從而有岡倉天心用英文撰寫亞洲的理想，把印度到中國描繪成有通性的亞洲，全部融合在日本身上，日本儼然是中原之所在。這就是日本亞洲主義與歐洲東方主義最大的差別，亞洲主義者關心自己代表什麼，而東方主義者則首先界定對象是什麼，透過排斥對象來實踐自己。對亞洲主義者而言，文化融合是華夷世界觀的基本態度，西洋充其量是要被吸納與融合的外來價值。所以西方不在西邊，而在周邊。

　　白鳥的科學信仰來自西洋，但經過他融合中西之後，西洋的中國學只能是某種來自周邊的科學。他的東洋史學重新取得了正統地位，他超越了中國，因為中國墮落到了歷史之外，停留在漢學的模糊階段；他也超越了西洋，因為西洋同樣侷限在自己的歷史脈絡裏，誤以為東洋沒有宗教精神。表面上，白鳥排斥了漢學，但他融合文化來豐富正統，逐鹿中原，進而把就天朝與西洋都放逐到邊緣成為夷學，指責中國的墮落與西洋的偏狹。在白鳥的東洋史學裏，沒有東方主義者那種要界定並排斥對象的慾望，反而是試圖進行自我認識，自我界定，自我砥礪，因而屬於典型的漢學是世界觀，亦即一種反求諸己的修養工夫。這是東洋史學作為科學所奠基的漢學框架，不死之身隱約但卻有力地在此現身。就算漢學的內容遭到遺棄或嘲弄，但漢學作為一種對自我修養的敦

促方法，繼續引導知識界觀心自己代表的價值，論述自己，而不以建立對象這種東方主義的方式來反射自己，與西方論中國的風格確實迥然不同。

六、普遍理論的漢學基礎

　　白鳥提煉了東洋與西洋之上的普遍性，然後在東洋之下處理中國與日本的差異，這樣的問題意識早就在江戶末期的日本漢學界裏，打下基礎，故白鳥區分中國與日本靠的是漢學界既有的論述，他所提出來的假設是一個大家早就在生活當中，在知識界裏耳熟能詳的，已經被討論過不知道多少遍的東西。白鳥的特殊貢獻，是從歐洲借用了地理學、宗教學、民族學、語言學的一些社會科學工具，去重現一個在問題意識上並不是由這些學問發展出來的取向。那還能不能論斷東洋史學、科學、普遍主義與不死之身的、講修養的、沒有中日區隔的、世界混沌模糊的、主觀的漢學作明顯的區分？講述白鳥庫吉的科學理論內容出自漢學，與白鳥自己進入蒙古的語言裏去找尋後來歐洲與中國的語言，兩種做法之間可能有某種平行之處。白鳥的科學理論所要證明的，是老早別人已經準備好，他只是依附在一個時代精神引導他去證明的東西。亦即研究中國最重要的動機，是幫助日本區隔中國，同時成為一個可以與歐洲相互競爭的一個東洋的主體，或即使尚非主體，未來也會因為東洋的整合而變成一個主體。

　　把這樣的理論脈絡整理出來，然後從這個脈絡裏逼問白鳥的問題意識，足以掌握到他的問題意識中有相當程度從漢學脈絡的辯論醞釀而來，因此就不能把白鳥的科學理論與漢學截然兩分。當代推動中國研究的社會科學科際整合，前提是社會科學各學科

有待整合，這是有問題的前提。好像科際整合只能發生在社會科學各學門之間，而不能發生在科學與非科學之間，於是抹煞了科學與非科學之間其實剪不斷理還亂的千絲萬縷。有意無意間，社會科學相當程度倚賴非科學議程來提供問題意識的性質就被遮掩。

參考文獻

丸山真男，王中江譯（2000），《日本政治思想史研究》，北京：三聯。

內藤湖南（2003），《中國通史論》，北京：社會科學文獻出版社。

日本近代日本思想史研究會，那庚辰譯（1992），《近代日本思想史第三卷》，上海：商務。

白永瑞（2005），〈東洋史學的誕生與衰退——東亞學術制度的傳播與變形〉，《台灣社會研究季刊》，第 59 期。

竹內好（2005），孫歌等編譯，《近代的超克》，北京：三聯。

吳銳（2004），《中國思想的起源（上編）》，濟南：山東教育出版社。

李慶（2002），《日本漢學史：起源和確立》，上海：上海外語教育出版社。

岡田武彥（1987），《山崎闇齋》，台北：東大圖書公司。

孫歌（2003），《主體瀰散的空間》，南昌：江西教育出版社。

孫歌（2005），「日本『漢學』的臨界點」，2005.7.20，http://www.frchina.net。

梅琴（1990），《山鹿素行》，台北：東大圖書公司。

陳秀武（2004），《日本大正時期政治思潮與知識分子研究》，北京：

中國社會科學出版社。

愛德華. W. 薩義德，王宇根譯（1999），《東方學》，北京：三聯。

溝口雄三，林崇佑譯（1999），《作為「方法」的中國》，台北：國
　　立編譯館。

福澤諭吉，北京編譯社譯（1982），《文明之概略》，北京：商務印
　　書館。

劉俊文編，黃約瑟譯（1992），《日本學者研究中國史論助選譯第
　　一卷通論》，北京：中華書局。

劉萍（2004），《津田左右吉研究》，北京：中華書局。

嚴紹璗（1993），《日本中國學史》，南昌：江西人民出版社。

Jones, David Martin. (2001). *Image of China in Western Social and Political Thought*, London: Palgrave.

Harding, Harry. (1984). The Study of Chinese Politics: Toward a Third Generation of Chinese Politics. *World Politics,* 36: 2.

Harootonian, Harry. (1980). The Function of China in Tokugawa Thought, in A. Iriye (ed.) *The Chinese and the Japanese*, Princeton University Press.

Gilman, Nils. (2003). *Mandarins of the Future: Modernization Theory in Cold War America*, Baltimore: The Johns Hopkins University Press.

Tanaka, Stefan. (1993). *Japan's Orient: Reading Pasts into History*, Berkeley: University of California Press.

康德的「民主理論」與永久和平論

李明輝

台灣大學國家發展研究所教授

德國波昂大學哲學博士

研究興趣:康德哲學、儒家哲學、倫理學

一、前言

　　在戰後西方有關民主理論的討論中，塔爾蒙（Jacob Leib Talmon, 1916-1980）區分「極權民主」（totalitarian democracy）與「自由民主」（liberal democracy）兩個民主傳統：前者是由盧梭（Jean Jacques Rousseau, 1712-1778）開其端，經過法國思想家之鼓吹而導致法國大革命，其後由德國理念論（尤其是黑格爾）加以繼承，再延伸到馬克思、恩格斯而導致共產革命；後者是由洛克（John Locke, 1632-1704）開其端，經英國自由主義思想家與美國開國諸元老之鼓吹，奠定了英、美兩國之民主憲政[1]。海耶克（Friedrich A. von Hayek, 1899-1992）也在其《自由的憲章》一書中區分自由理論的兩個傳統，即經驗的、非系統的「英國傳統」和思辨的、理性主義的「法國傳統」：前者主要是由一些英國哲學家或思想家——如休謨（David Hume, 1711-1776）、史密斯（Adam Smith, 1723-1790）、弗格森（Adam Ferguson, 1723-1816）、塔克（Josiah Tucker, 1712-1799）、柏克（Edmund Burke, 1729-1797）、培利（William Paley, 1743-1805）——所形成，後者則深受法國哲學家笛卡爾（René Decartes, 1596-1650）的理性主義所影響，而以法國的百科全書派、重農學派、盧梭、康多塞（Marquis de Condorcet, 1743-1794）等為代表[2]。在這兩種區分中，康德的位置均不明確，可見他的「民主理論」在西方長期受到忽視。

---

[1] 塔爾蒙寫了兩部名著，探討第一個民主傳統，分別為 *The Origins of Totalitarian Democracy* (London: Secker & Warburg, 1952) 和 *Political Messianism: The Romantic Phase* (London: Secker & Warburg, 1960)。

[2] F. A. von Hayek: *The Constitution of Liberty* (London: Routledge & Kegan Paul, 1960), pp.55f.

由於康德否定革命權，強調人民主權，主張「積極自由」（positive liberty），中國的自由主義者（如殷海光）乾脆將他連同黑格爾、費希特一起畫歸於極權主義的行列。為了紀念五四運動，殷海光於一九五八年五月一日出刊的《自由中國》發表了一篇題為〈跟著五四的腳步前進〉的社論（第十八卷第九期），其中有一段文字如下：

> 玄學的文化主義者襲取黑格爾的發展程序，執著菲希特的唯我主義，強調主體意識，托起康德的架構，糅雜孔孟，立腳于狹隘的民俗殘壘，來保衛這個「中學之體」。照這類人士看來，西學為「用」是可以的，因這是「外在的」東西，像換一件衣服似的，換換沒有關係——無損于尊嚴。但是，如果我們說一個人頭腦裏裝的東西有問題，那就觸及他人格構成的核心，有損其尊嚴，他會冒火，一定發展出一套「自我防衛的機制」作用的。近若干年來，反五四思想的言論，以及強調文化傳統的作品，都是這一心理機制作用的產品，並非知識的產品。

文中所謂「玄學的文化主義者」顯然是指新儒家，尤其是唐君毅與牟宗三。因為眾所週知，黑格爾對唐君毅的影響，猶如康德對牟宗三的影響。對於殷海光等人而言，包括康德哲學在內的整個德國理念論都包含極權主義的要素。殷海光大概不知道康德也有一套「民主理論」。德國學者懋思（Ingeborg Maus）曾撰寫了《論民主理論之啟蒙》一書[3]，對康德的民主理論加以重構。殷海光也不會想到：到了二十世紀七十年代以後，康德哲學竟然成為羅爾斯（John Rawls, 1921-2002）的政治自由主義之思想資源。

---

[3] Ingeborg Maus: *ZurAufklärung der Demokratietheorie*, Frankfurt/M: Suhrkamp, 1992.

　　在本文的標題中，筆者將「民主理論」一詞加上引號，係因為本文並非按照康德的用法來使用「民主」一詞。康德本人係依據古典的意義來使用「民主」一詞，也就是將它理解為一種統治形式（forma imperii），並根據統治者的人數區分為專制政體、貴族政體和民主政體[4]。在他的用語裏，相當於今日的「民主」概念的，反倒是「共和主義」（Republikanism）一詞。這是一種與「獨裁主義」（Despotism）相對的政治原則，而他認為政府形式（forma regiminis）只能根據這兩種原則來畫分[5]。所謂「共和主義」，是「將（政府的）行政權與立法權分開」的政治原則，所以共和制的憲法只能採取代議制[6]。依他的看法，共和制憲法是唯一「本身為合法的且在道德上是善的」憲法[7]。

二、康德的永久和平論

　　在討論康德的「民主理論」之前，我們有必要先介紹康德的永久和平論。康德在一七九五年撰寫了《論永久和平——一項哲學性規畫》（*Zum ewigen Frieden. Ein philosophischer Entwurf*）一書，其直接背景是法國大革命。由於法國大革命對當時歐洲君主政體的威脅，奧地利與普魯士於一七九一年簽訂皮爾尼茲（Pillnitz）協定，公開要求干涉法國內政，以恢復法國的君主政體。這項協定引起法國人的極大憤慨，法國國民會議於次年四月決議對奧、

---

[4] *Zum ewigen Frieden*, in: *Kants Gesammelte Schriften* (Akademieausgabe，以下簡稱 *KGS*), Bd. 8, S. 352；亦參閱 *Metaphysik der Sitten*, in: *KGS*, Bd. 8, S. 338f.

[5] *Zum ewigen Frieden*, a.a.O., S. 352.

[6] 同上註，S. 352f.；參閱 *Metaphysik der Sitten*, a.a.O., S. 341.

[7] *Der Streit der Fakultäten*, in: *KGS*, Bd. 7, S. 85.

普兩國宣戰。奧、普聯軍隨即於同年八月進逼巴黎，但於瓦爾米（Valmy）會戰失利後撤軍。最後，雙方於一七九五年四月五日簽訂巴塞爾（Basel）和約，結束了這場戰爭，奧地利失去尼德蘭，普魯士則失去萊茵河左岸之地。康德對這項和約之簽訂極感欣慰，便在這個背景之下撰寫了《論永久和平》。

康德的永久和平論預設了一套目的論的歷史哲學。他有一篇題為〈在世界公民的觀點下的普遍歷史之理念〉的論文，以九條定理完整地表達了其歷史哲學的綱要。第一條定理便是目的論原則：「一個受造物的所有自然稟賦均註定有朝一日會有完全且合乎目的的開展。」在第二條定理中，他進一步將目的論原則運用到人類身上：「在人（作為地球上唯一有理性的受造物）身上，為其理性之運用而設的自然稟賦只會在種屬之中、而非在個體之中得到完全的發展。」[8]因此，我們要瞭解這些自然稟賦在人類史中的發展，就必須將人類當作一個整體，來探討其種種活動，這種探討便是所謂的「普遍歷史」（allgemeine Geschichte）。康德在自然哲學與道德哲學中均使用了目的論原則：前者稱為「自然目的論」，後者稱為「道德目的論」，而前者必須預設後者。康德在《判斷力批判》（Kritik der Urteilskraft）中提出一套關於目的論的學說，其中包含以下幾項要點：第一，目的論原則係相對於機械論原則而言；前者係根據目的因的法則來解釋有機物（人就是一種有機物），後者則是根據因果法則來解釋一般的自然現象。第二，目的論是一種整體的觀點，在目的論的系統中，部分僅通過它對全體的關係始成為可能，而各部分之間又互為因果，因而形成一個統一的整體。第三，目的論原則不可當作「構造原則」（konstitutives Prinzip），而只能當作「規制原則」（regulatives

---

[8] "Idee zu einer allgemeinen Geschichte in weltbürgerlicher Absicht", in: KGS, Bd.8, S. 18.

Prinzip）來使用；換言之，它並不是一項客觀的知識原則，能使我們的知識擴展到經驗對象之外，而只是一項主觀的原則，能引導我們適當地運用我們的認知能力，對某類自然對象加以反省。第四、在自然目的論中，就人創造文化的能力而言，他是自然的「最後目的」（der letzte Zweck）；但這必須預設道德目的論，即將作為道德主體的人視為「終極目的」（Endzweck）。第五、我們之所以需要目的論原則，正是由於我們人類的理性是有限的；反之，在上帝的全知觀點之下，目的論原則根本是不必要的。康德以「神意」（Vorsehung）一詞來表示在目的論觀點下所理解的「自然」。

根據以上的目的論觀點，康德在第五條定律中預言：「自然迫使人類去解決的最大問題是達成一個普遍地管理法權（Recht）的公民社會。」[9]這便是一個依共和制憲法而建立的社會，大約相當於我們今天所理解的「民主社會」。但是人類理性的發展不會停止於國家內部的合理秩序之建立，而會要求將「法權」原則擴展到國際秩序中。故第七條定律便是：「建立一種完美的公民憲法之問題繫於國家對外的合法關係之問題，而且不靠後一問題，前一問題就無法解決。」[10]這裏所謂「國家對外的合法關係」即是第九條定律中所說的「人類當中完美的公民聯盟」[11]，亦即「永久和平」。

在《論永久和平》中，康德先列舉出永久和平的六項「臨時條款」：

第一項：任何和約之締結在進行時，若是秘密地為一場未來的戰爭保留物資，它就不該被視為和約之締結。

第二項：任何獨立的國家（在此不論其大小）均不可被另一個國家藉繼承、交換、購買或餽贈所取得。

---

[9] 同上註，S. 22.

[10] 同上註，S. 24.

[11] 同上註，S. 29.

第三項：常備軍應當逐漸地完全廢除。

第四項：任何國家均不該在涉及對外的國際糾紛時舉債。

第五項：任何國家均不該以武力干涉另一個國家之憲法和政府。

第六項：任何國家在與另一個國家作戰時，均不該容許自己採取必會使未來在和平時的互信成為不可能的那種敵對行為，諸如雇用刺客與下毒者、破壞協約、在敵國唆使叛逆等。

「臨時條款」是治標的辦法，但要達到永久和平，還要有治本的辦法。因此，康德接著分別從公法的三個層次（即國家法、國際法及世界公民權）提出永久和平的三項「確定條款」：

第一項：每個國家的公民憲法應當是共和制的。

第二項：國際法應當建立於自由國家的聯邦主義之基礎上。

第三項：世界公民權應當局限於普遍的友善之條件。

第一項涉及國家法的層次，它要求根據共和制的公民憲法來安排一個國家內部的政治秩序。康德所謂「共和制的公民憲法」大體上相當於我們今天所理解的「代議民主制的憲法」，因為它是建立在「行政權與立法權分立」的原則之上。如上所述，康德是依古典意義來使用「民主制」一詞，即指全體人民直接掌有行政權的制度。在他看來，「民主制」不可能建立在「行政權與立法權分立」的原則之上，故必然是一種獨裁制。

第二項涉及國際法的層次，它要求各國根據聯邦主義的原則組成一個「國際聯盟」，以國際法（而非戰爭）來解決彼此間的爭端。這是自由國家的一種「和平聯盟」，而不是一個「國際國」（Völkerstaat）。換言之，它並不要求各國放棄其主權，而合為一

個國家。這種聯盟與一般的「和平條約」之分別在於：後者僅能終止一場戰爭，前者卻能永遠終止一切戰爭。

　　第三項則涉及世界公民權的層次，它規範人類以世界公民的身分彼此互訪的權利。它承認每個人在抵達外地時不受到當地人的敵意對待之權利。這種權利康德稱為「拜訪權」（Besuchsrecht），它是基於人類對於地球表面的共有權。藉由這種權利，地球上的各洲得以和平地建立相互關係，並且成為一種公法上的關係，最後使人類日益接近一個世界公民的憲章。但是康德將這種權利與「賓客權」（Gastrecht）嚴加區別。所謂「賓客權」是指外地人在特定時間內與主人共享居所的權利，大致相當於我們今日所謂的「居留權」。這是相對的權利，需要根據賓主雙方的特殊協定。康德區別「拜訪權」與「賓客權」，旨在抨擊歐洲列強的殖民主義。他指出：歐洲各國對其他國家與民族的拜訪無異於侵略，根本違反了「普遍友善」的原則。有意思的是，他甚至贊許中國與日本藉閉關政策來對抗歐洲各國的殖民政策。

　　康德所揭櫫的「永久和平」是一個理念，它一方面是人類史發展的目的，另一方面又是人類的義務。換言之，它一方面為我們提供了一個理解人類史的觀點，因而具有解釋的功能；另一方面，它又為人類指出他們必須履行的義務，因而具有規範的功能。然而，我們很自然地會問：作為一個理念，「永久和平」難道不是如一般的道德理想一樣，永遠無法實現，因而只是一種空想嗎？康德說：不然！他分別從兩方面來澄清這種疑慮。一方面，他指出：「永久和平」之達成只要求行為的合法性，而不要求其道德性；換言之，人類只消在外表的行為上合乎「永久和平」之要求即可，而毋須在內心的動機中達到「為義務而義務」的純粹性。盧梭在《社會契約論》中寫道：「如果有一個神明的民族，他們便可以用

民主制來治理。但是這樣一種完美的政府並不適合於人類。」[12]針對這句話，康德在《論永久和平》中寫道：

> 建國的問題不論聽起來是多麼艱難，甚至對於一個魔鬼的民族（只要他們有理智）也是可解決的。這個問題是：「要安排一群有理性者（他們為了其生存，均要求共通的法律，但每個人卻暗自想要豁免於這些法律），並且建立其憲法，使他們雖然在個人的存心中彼此對抗，但卻相互抑制其存心，致使在其公開的舉止中，其結果彷彿是他們並無這種邪惡的存心。」這樣的一個問題必然是可以解決的。因為這項課題並不要求知道人類在道德上的改善，而只要求知道：我們如何能利用自然在人類中的機械作用，以便調整在一個民族中人類不和諧的存心之衝突，使得這些存心必然互相強迫對方去服從強制性法律，且因此產生和平狀態（在這種狀態中，法律有效力）。[13]

對康德而言，共和制的憲法僅在於藉由法律來規範公民的外在行為，而不問其內心的動機。因此，即使每個公民都心懷鬼胎，亦無礙於此種憲法之實現。故康德指出：為了實施共和制的憲法，並不需要每個人成為一個道德上的好人，而只需要成為一個好公民。進而言之，此種憲法之實施反倒可以提昇公民的道德水準，故他說：「〔……〕我們不能由道德去指望良好的國家憲法，而不如反過來，由良好的國家憲法才能指望一個民族之良好的道德教化。」[14]而在國際關係中，「永久和平」並不要求國家之消失（如馬克思所主張），亦不要求各國放棄追求其自身的利益，故它不是

---

[12] 盧梭著、何兆武譯，《社會契約論》（北京：商務印書館，1990 年），頁 90。
[13] *Zum ewigen Frieden*, a.a.O., S. 366.
[14] 同上註。

一個永遠無法實現的「烏托邦」。

在另一方面，康德強調：「永久和平」之達成並非完全依靠理性的力量，反倒是可以從非理性的力量得到某種保證。在〈在世界公民的觀點下的普遍歷史之理念〉中，他將這種非理性的力量稱為「非社會的社會性」（ungesellige Geselligkeit），亦即人的自然稟賦在社會中的對抗（第四條定律）[15]。康德在這種對抗中看出積極的意義，因為它可以激發人類的各種自然稟賦（尤其是理性），使之得到進一步的發展。對於這種「非社會的社會性」，康德有一段很精彩的說明：

> 若無這種本身不太可愛的特質，所有的才能就會在一種田園式的牧羊生活裏，在美滿的和睦、滿足和互愛當中永遠隱藏在其胚芽裏面：人就像他們所放牧的羊一樣溫馴，幾乎不會為其存在贏得一份較其牲畜所擁有者更大的價值；他們不會填補造化在其目的（即有理性者）方面的空缺。因此，為了齟齬，為了因嫉妒而競爭的虛榮，為了無法滿足的占有慾、甚或支配慾，讓我們感謝自然吧！若非這些東西，人的所有優越的自然稟賦將永遠潛伏而不得發展。人想要和睦；但是自然更明白什麼東西對其種屬有好處：它想要紛爭。人想要舒適而滿意的生活；但是自然卻指望他脫離懶散和無所事事的滿足，投入工作和辛勞之中，以便在另一方面也找出辦法，再度聰明地脫離工作和辛勞。因此，這種自然動機，亦即非社會性和普遍抗拒之根源──它們造成許多災禍，但也促使人重新鼓起力量，並且進一步發展自然稟賦──的確顯露了一位智慧的創造者的安排，而絕非一個攪亂了其美妙布局或

---

[15] "Idee zu einer allgemeinen Geschichte in weltbürgerlicher Absicht", a.a.O., S. 20.

嫉妒地破壞了這個布局的惡靈之手。[16]

黑格爾後來在《哲學百科全書》中提出「理性之詭詐」（List der Vernunft）之說，來說明歷史的動力：「理性是詭詐的，正如它是有力的。〔……〕對於世界及其進程，神意表現為絕對的詭詐。上帝任由人類放縱其激情和興趣，其結果卻是實現了他自己的目標，而這些目標並非他所利用的人類原先所關心的。」[17]這正是脫胎於康德所謂的「非社會的社會性」。在這個脈絡下，康德甚至強調「商業精神」對永久和平之達成所具有的作用。他在《論永久和平》中寫道：

> 這種精神與戰爭無法並存，而且遲早會席捲每個民族。蓋由於在受國家權力支配的所有力量（手段）當中，經濟力量可能是最可靠的力量，所以各國不得不（當然未必就是出於道德的動機）促進這種崇高的和平，而且不論世界上何處瀕臨戰爭之爆發，均靠斡旋來防止戰爭，彷彿它們為此而結為長期的聯盟。[18]

現在我們可以回到康德的政治哲學。其核心概念是「法權」（Recht），因為依康德的看法，共和憲法之所以值得追求，是因為它是「唯一完全適合於人的法權的憲法」[19]。Recht 一詞在德文裏有法律、權利、正當、公道諸義，在中文裏並無相對應或相近的概念。故筆者參照大陸學界的習慣，取其最主要個兩項意義，勉強譯為「法權」。這個概念很典型地反映了德國古典政治哲學之特

---

[16] 同上註，S. 21.

[17] G. W. F. Hegel: *Enzyklopädie der philosophischen Wissenschaften* I , in: *G. W. F. Hegel: Werke*, Theorie Werkausgabe (Frankfurt/M: Suhrkamp, 1969ff.), Bd. 8, S. 365, §209 Zusatz.

[18] *Zum ewigen Frieden*, a.a.O., S. 368.

[19] 同上註，S. 366.

性，因為它跨越道德領域與法政領域，或者說，跨越倫理學與政治學。在英文裏便沒有與之對應的概念。這個概念在康德政治哲學中的重要性在於：康德一方面藉它來聯繫道德領域與法政領域，另一方面又藉它對倫理學和政治學作原則性的區分。我們可以套用佛教的說法，說道德與政治在康德哲學中的關係是「不即不離」。

　　康德係由貫串其整個實踐哲學的「形式主義」觀點來界定道德與政治間這種「不即不離」的關係。康德倫理學往往被稱為「形式主義倫理學」（雖然多半是基於誤解），這是因為他認為真正的道德法則必須是「形式原則」，也就是說，它不能在內容方面有所預設。因為只要道德法則預設了任何特定的內容（目的），它就不夠資格作為普遍法則，而要求無條件的服從。因此，如果說康德倫理學是形式主義的，它也必然同時是普遍主義的；這兩者是一體之兩面[20]。基於這種「形式主義」的觀點，他將道德法則表達為一項「定言令式」（kategorischer Imperativ）：「僅依據你能同時意願它成為一項普遍法則的那項格律而行動。」[21]這項定言令式僅提出一項形式的要求，即格律之可普遍化。

　　康德的「法權」概念即是由上述的「定言令式」衍生出來，或者不如說，是這項定言令式之外在化。根據他的定義，「法權是使一個人的意念得以與他人的意念根據一項普遍的自由法則統合起來的條件之總合」[22]。同時，他也以一項定言令式來表達「法權的普遍法則」：「外在行為要如此，亦即你的意念之自由運用能與

---

[20] 關於康德的形式主義倫理學，請參閱拙著：《儒家與康德》，頁 53-58。

[21] *Grundlegung zur Metaphysik der Sitten*, in: *KGS*, Bd. 4, S. 421.

[22] *Metaphysik der Sitten*, a.a.O., S. 230；參閱 "Über den Gemeinspruch: Das mag in der Theorie richtig sein, taugt aber nicht für die Praxis", in: *KGS*, Bd.8, S. 289f.

每個人的自由根據一項普遍法則而並存。」[23]在康德的政治哲學中，這項法權原則是一切公民憲法之最高原則。它與道德法則相同之處在於：它不但出於純粹實踐理性之要求[24]，其自身也是一項形式原則。由此可見兩者之「不離」。它之所以有別於道德法則者，則在於：它僅規範人的外在行為，而不論其存心。由此可見兩者之「不即」。

就「不離」一面而言，康德的民主理論就像其倫理學一樣，具有理想主義與普遍主義的特性。這種特性使民主政治可以超越不同的社會條件與文化傳統，而具有普遍的價值論基礎。戀思便頗具慧眼地看出康德政治哲學的優點：「正因為康德的法權原則避免將一種有內容的普遍性實體化，而僅將各特殊者的協調化之程序因素決定為普遍者，故此原則是唯一還能使一個多元且多文化的社會統合起來的原則。」[25]

就「不即」一面而言，康德的政治哲學具有明顯的現代性格，因為他承認政治是一個獨立的領域，有其自身的運作邏輯。他一方面反對馬基維利式的政治哲學，強調政治不應違反道德。所以他說：「〔……〕我固然能設想一個道德的政治家（亦即一個將治國的原則看成能與道德並存的人），但卻無法設想一個政治的道德家（他編造出一套有助於政治家的利益的道德）。」[26]但另一方面，他對政治與道德的分際也有清楚的說明。如上所述，康德並不認為人民的道德素質是實施民主制度的條件，而毋寧以後者為前者之條件。換言之，政治固然不應違反道德，甚至必須以道德原則為基礎，但它並非道德之直接延伸，而是要符合權力運作的邏輯。

---

[23] *Metaphysik der Sitten,* a.a.O., S. 231.

[24] "Über den Gemeinspruch: Das mag in der Theorie richtig sein, taugt aber nicht für die Praxis", a.a.O., S. 290.

[25] Maus: *Zur Aufklärung der Demokratietheorie*, S. 10.

[26] *Zum ewigen Frieden*, a.a.O., S. 372.

由於法權原則僅規範人的外在行為，故民主政治之建立並不以人
民道德素質之改善為必要條件。基於同樣的理由，康德也不認為
統治者的素質是實施民主制度的必要條件。故他說：「君王從事哲
學思考，或者哲學家成為君王，這是不可遇，亦不可求的；因為
權力之占有必然會腐蝕理性的自由判斷。」[27]由此可見：其政治哲
學已超越了以柏拉圖的「哲王」思想和儒家的「德治」思想為代
表之傳統政治觀。

　　在康德的政治哲學中還有一點特別值得注意：儘管他以啟蒙
之子自居，相信人類歷史終會達到其目標，即永久和平，但是他
並未輕忽人性之陰暗面。他提出「根本惡」（das radikale Böse）之
說，來解釋「道德之惡」的形成[28]。此外，他對於在建立一個民主
社會的過程中可能遭遇到的困難亦有深刻的瞭解，故他在〈在世
界公民的觀點下的普遍歷史之理念〉一文中特別強調：建立「一
個普遍地管理法權的公民社會」──亦即民主社會──是「最困
難、且最後為人類所解決的問題」[29]。這是因為人都有私慾，除非
受到當權者的限制，否則總會濫用其自由；而當權者也是人，也
有同樣的問題。因此，康德說：「這項任務是所有任務當中最艱難
的一項；甚至其完全解決是不可能的：從造就人的那種曲木，無
法造出完全直的東西。」[30]但他並未從人性之陰暗面去論證民主政
治之必要性與可能性。對他而言，民主制度之所以必須建立，是
因為它是唯一合乎法權原則的制度，而法權是我們的純粹實踐理
性（道德主體）之要求。至於民主制度之可能性，他認為有賴於

[27] 同上註，S. 369.
[28] 參閱拙作：〈康德的「根本惡」說──兼與孟子的性善說相比較〉，收入拙
　　著：《康德倫理學與孟子道德思考之重建》（臺北：中央研究院中國文哲研
　　究所，1994 年），頁 117-146。
[29] "Idee zu einer allgemeinen Geschichte in weltbürgerlicher Absicht", a.a.O., S.
　　22f.
[30] 同上註，S. 23.

三項基本條件，即是「對於一部可能的憲法的性質的正確概念、經過許多世事磨煉的豐富歷練，以及最重要的是，一個為採納這個理念而準備的善的意志」[31]。在這個意義下，他依然肯定政治學與倫理學的關係。

參考文獻

李明輝（1990），《儒家與康德》，台北：聯經。

李明輝（1994），〈康德的「根本惡」說──兼與孟子的性善說相比較〉，《康德倫理學與孟子道德思考之重建》，台北：中央研究院中國文哲研究所，頁 117-146。

李明輝（1994），《當代儒學之自我轉化》，台北：中央研究院中國文哲研究所。

李明輝（2005），《儒家視野下的政治思想》，台北：臺灣大學出版中心。

Immanuel Kant 著，李明輝譯（2002），《康德歷史哲學論文集》，台北：聯經。

---

[31] 同上註。

政治與經濟整合的再思

蕭全政

台灣大學政治學系教授

美國賓夕法尼亞大學博士

研究興趣：政治經濟、亞太經濟合作、政府與企業

一、政治經濟學的再起

(一)最古老也是最時髦的學門

　　談到政治經濟學這個領域，我們都知道它是一個非常古老的學門，卻也是當前相當熱門的一個領域。大概從十七世紀，即一六一六年，就開始有法國人提出所謂「政治經濟」這個概念；甚至到十九世紀下半葉後，這個概念在學術界也還是很流行的，不管是左派或右派，當然包括馬克思主義陣營，他們對這個概念的使用都相當的普遍。

　　不過，我們今天的主要目的不是回溯歷史，我們比較關心的是從一九五〇、六〇到七〇，尤其是七〇年代以後，政治經濟學又在西方社會變成一個相當受關注的領域？政治經濟學在八〇年代之後也開始在台灣出現，而且逐漸變成一種流行。所以從八〇年代以後，好幾個大學都開有政治經濟學這一門課，包括我個人也是一九八五年開始授課。除此之外，八〇年代後，從國外回來的學者，他的主修領域裏面通常都會列有政治經濟學；而九〇年代後，成功大學在一九九三年成立了政治經濟學研究所，到了二〇〇一年，中山大學也成立了政治經濟學系。這樣的一個發展過程，的確可以讓我們體會到，政治經濟學其實也是一個相當時髦的學門或領域。而為什麼會有這種現象呢？

(二)政治學與經濟學的不足

　　一九六〇年代後，西方國家之所以重新關照政治經濟學，其最重要的原因，就在於當時主流的政治學與主流的經濟學，都有

所不足而難以處理當時的主要政治經濟問題。比如說，美國在一九五七、五八年，開始出現戰後嚴重經濟不景氣，到了一九六〇年，其所主張的 IMF 中以美元為中心的固定匯率制，開始面臨很大的壓力。因為美國在國外流通的美元比美國國內儲備的黃金還多，以致於如果每個國家都拿美元跟美國換黃金的話，以美元為中心的固定匯率制就一定崩盤。到了七〇年代，兩次石油危機的爆發，嚴重衝擊在生活及生產上高度仰賴石油的國家，因而重新改變全球的經濟生態；加上國際上所謂的南北對峙問題，整個地球上的所有國家，其國際與國內的政治、經濟層面都普遍的受到影響，並因而對於主流政治學與經濟學的挑戰更大。在此。很多重要的事件或是大家所關注的一些問題，看起來都好像是政治問題，卻也好像是經濟問題，而如果用純政治的角度去看待，卻發現有所不足，而純經濟分析也有所不足；有趣的是，這種現象在八〇年代的台灣也發生了。

　　在八〇年代以前，台灣其實沒有太多的問題。因為在戰後所謂的威權體制下，人只要天天好好工作、好好唸書，就如同老子講的：「虛其心，實其腹，弱其志，強其骨」，每個人都養得白白胖胖的，頭腦簡單，當然不會有太多的問題。但是八〇年代之後，特別是一九八〇年開始的中美經貿磨擦及經貿諮商談判，使美國的新保護主義開始強烈影響台灣的經貿投資和經濟發展；台灣開始在一種威權的穩定之中，出現一些波盪和一些外來的衝擊，而且不斷的迴盪、擴大。從外部到內部，故如社會的自力救濟運動，就在八〇年代初開始慢慢蓬勃的發展；到了一九八五年有十信案，八六年有新台幣的大幅升值，及八七年的解除戒嚴等。像這一類的事件，到底算是政治性的，或是經濟性的，就有很多可討論的空間。

　　將近二十年前，有一位知名度很高的台灣經濟學者，邀請我

演講談政治與經濟的整合；後來，在討論時他提到，其實政治與經濟很容易就可以分辨清楚啊！有些重要事件，到底是屬於政治或經濟問題，也很容易瞭解！我當時反過來問他，那麼「台美經貿諮商談判，是政治問題，還是經濟問題」？他原本說是政治問題，考慮了一下，又說是經濟問題；等他講完是經濟問題時，大家都笑了。因為這種所謂經貿的磨擦以及諮商談判，固然是屬經濟問題，但也絕對是十足的政治問題。

在台美諮商談判中，美國要求台灣改善對其國際收支平衡帳的逆差，美國直接施壓要我們訂定時間表；對美國而言，它不需知道你要如何調整，最重要的是要你給它時間表。就像現在中國大陸處理的人民幣匯率問題，要怎麼改善？人民幣升值就可以改善中美之間的貿易逆差嗎？我記得在一九八六年，新台幣開始大幅度升值之前，本來美金和新台幣的匯率是 1 比 40，依照當時一些經濟學者的估計，如果要用升值貨幣的這種經濟方式改善當時美國的逆差，我們可能要將匯率從 1：40 調整為 1：10 或 1：15。問題是，當調整為 1：15 的時候，我看台灣廠商已經死掉一大半了。就像人民幣到底要升值到何種程度，才足以改善對美國的每年六千億美元的逆差？也許調整匯率以因應市場運作是一個方法，但是，更重要的問題還隱含政治的面向。其實台灣也面臨相同的困境，許多問題政治學無法解決，經濟學也派不上用場，但是問題總要解決，怎麼辦呢？就開始出現整合政治學與經濟學的一種思考。

（三）整合的必要性與趨勢

一九八○年代中期以後，從台美諮商談判一直到一九八六年新台幣的大幅升值，新台幣的升值在兩年之內幅度超過 50%，雖然從當時 1：25 的匯率看起來好像不到 50%，但當時美元其實也

在升值。故將把美元升值的比例也算進去，新台幣從一九八六年九月到一九九〇年年底兩年半之間，升值的幅度的確超過 50%。新台幣升值看似經濟面的問題，但是實際上真的是經濟面的問題嗎？這對國家整體政經的變動與發展，其實都產生非常巨大的影響。甚至從後續發展來觀察，為什麼會在一九八七年解嚴？其中的轉變意味著一些看似經濟面的問題，卻其實直接促成了政治面向的變動。所以，類似的現象都可以促使國際或台灣去重新思考，到底該用什麼樣的架構、理論，才能解釋、預測或解決這些政經問題的發展。在此趨勢下，如何整合「政治學與經濟學」，或是「政治與經濟」，就成為大家關心的焦點；其中，也必然涉及社會層面或社會學的引進。然而，政治、經濟、社會三方人馬或三個領域，到底應該怎麼整合？這才是關鍵，更是難度非常高的問題。

二、何謂政治經濟學

(一)政治經濟學 ≠ 政治學＋經濟學

　　關於政治與經濟整合的問題，其實「政治經濟學」並不等於「政治學」加「經濟學」。在概念上，你可以說因為出現了政治經濟的問題，以致於有很多人嘗試從政治學的傳統或經濟學的傳統，思考如何解決面臨的政治經濟問題。

　　記得我在一九八八年出版《政治與經濟的整合》時，那時對這些現象的詮釋跟現在的氣氛完全不一樣，所以當提出一些新概念時，我的架構是：所謂的政治經濟學，就等於在政治學跟經濟學之外，利用所謂的「三不管地帶」－政治學不管、經濟學不管的地帶，找出一個政治經濟學的角度及理論，以用來解釋、解決

政治經濟問題。從這個角度看來，過去我們以為政治跟經濟的整合，是在三不管地帶中找希望；但是在今天，我可以更有自信的說，那個三不管地帶所找出來的，絕對不只是三不管地帶。我們其實可利用從三不管地帶找出來的東西，重新去看政治學，也可以重新去看經濟學。所以，三不管地帶的新品種，其實隱含著另一種新典範，另外一套跟政治學、經濟學都不一樣的典範，而不只是存活於政治學、經濟學都不管的三不管地帶。

　　因此，我們必須回溯到最抽象的層次，重新檢討政治學和經濟學，找出哪裏是整個社會科學的基礎？探究主流的政治學和經濟學又在哪裏？這一套用來解釋政治經濟學的理論，它的社會科學基礎又在何處？我曾寫過一篇〈兩種社會科學典範〉，是從比較形而上的部分，重新檢討如何培養政治經濟學的真正根源；從這個部分，我們其實可以對照出新典範的概念。很多人認為，「政治經濟學」就是整合政治學跟經濟學的脈絡；這個觀點不一定正確。因為若要在政治學跟經濟學之間，找到一個可以整合的東西，必須要能超越政治學與經濟學的理論表象，而深入涉及典範層次的內涵，包括科學哲學觀、人性論及方法論等；整合是要條件的，至少要像馬跟驢子具有基因上的相關，才能整合出騾子，而雞與兔是沒辦法整合的。

(二)政治學與政府－經濟學與市場

　　主流的政治學強調一個觀念，政治學一定跟政府有關，因為政治學就是處理如何權威地分配整個社會的價值，而有權威者就是政府。所以主流的政治學一直把政府當作是整合政治學跟經濟學的一個關鍵，但這種觀點卻成為一種自我限制。同樣的狀況，很多人認為，經濟學一定要跟市場連在一起，進而探討資源的利用與分配。這樣的政治學與經濟學，其實都是一種「公民的」政

治學和經濟學。

　　我一直強調一個概念，政治學不應該只有一套，不該強調政治學是一門可以放諸四海而皆準的政治科學；如果只有一套，那就是只有專門培養現代公民的那一套政治學。政治學若要變成一個可以描述、解釋、預測，甚至控制事實的學科，應該要能解釋更廣闊的範疇；在實存的政治現象裏，即使絕大部分的行動者，都只具有公民的身分，但很多人還具有官僚的身分，甚至還有少數人被稱為菁英。這三種人在現實政治中，對於如何生存與發展持有不同的邏輯，其與政治的關係不一樣，對政治的期待、投入也不一樣。舉例而言，一般公民與政治的關係最淡，所以最不瞭解政治，以致於對政治不具太多的期待；相對的，一般的官僚，其最重要的角色，就是對社會價值進行權威性的分配，在其朝九晚五中隨時涉及政治；還有一批人，一天二十四小時，一年三百六十五天，時時刻刻都可能與政治有關，甚至跟政治最相關的時候，不一定是白天上班時，反而是晚上下班後，或是在週末，很多政治都是在打小白球或是摸兩圈的時候發生或決定的。上述三種人，是大致上也是最容易瞭解的分類。對公民而言，政治對他來說是業餘、茶餘飯後的興趣，但大概也只能談談政治八卦；對官僚而言，政治是一種朝九晚五之間的職業；菁英就比較麻煩，政治對菁英而言是一種志業，是一輩子的事情，因此菁英對政治的瞭解、涉入的程度、對政治的期待，當然跟公民或官僚不同。他們的政治學怎麼可能都一樣？

　　一九八七年解嚴後至今，為什麼還呈現這麼混亂的局面？因為民主化以後，由於媒體開放等改變，泯除了公民、官僚與菁英間的隔絕；過去所謂的菁英政治、官僚政治，全都曝露於公民之前，但是公民並沒有能力瞭解那麼多，以致於對公民而言，現在的政治局勢似乎是天下大亂。其實過去的政治早已是如此，只是

公民無從得知而已。

　　所以，關於政治與經濟該如何整合的問題？我們的確必須跨越僅以政府或市場為中心的政治學或經濟學，否則我們能看到的，就跟那些茶餘飯後閒聊政治八卦的市井小民一樣。我們必須超越政府和市場，才能看到更全面；要超越政府和市場，就必須穿透一些表象，而直接掌握政治與經濟的核心。

　　譬如，「買票」是政治行為，還是經濟行為？雖然在直覺上就是政治行為，但似乎也與經濟行為有關；對此，有人會說因為需要用「錢」才能買票。不過，買票一定要用錢嗎？這也是另一種誤解。然而，買票之所以會是經濟行為，在於經濟的本質，就是涉及資源的有效運用；買票必須考慮他的資源如何才能有效的運用，例如哪些樁腳要買，要用什麼價碼，而哪些樁腳根本不需買等等。換言之，若要整合政治學與經濟學，必須直指核心詢問「經濟」到底是什麼？「經濟」考量的就是如何善用資源，至於資源是否是錢的方式、是否是透過市場，倒是不一定。

　　這就是我為什麼說，每一個人都是天生的經濟學者。例如每個人所擁有的時間都是有限，所以會有生涯規劃，這就是一種經濟行為。每個人會依照不同階段所擁有的時間，配合各階段的特質，做一個最好的搭配，並希望一輩子是最好、最豐富、最成功的。總之，政治不一定涉及政府，經濟不一定涉及市場；政治不一定涉及權力，而經濟也不一定涉及金錢。

(三)政治影響經濟，經濟影響政治

　　另一個有關政治經濟學的常見觀點，指稱政治經濟學是在分析「政治影響經濟，經濟影響政治」的介面領域。這句話我覺得是廢話，這只在說明政治與經濟的相關關係；就好像是說，「我的車子左輪轉，右輪也跟著轉」；或是說「右輪轉，左輪也跟著轉」，

這種相關分析是沒有什麼用的。真正要探討、整合政治與經濟的理論，應該告訴我們：「政治如何影響經濟、經濟如何影響政治」，即須進行因果分析，而不只是相關分析。

（四）知識與智慧概念對照下的政治經濟學

「知識」跟「智慧」兩概念看來很接近，但在我個人體會以及對整體社會科學哲學的認識上，這個兩個概念實際上非常不一樣；其中最大的不同，在於「知識是死的，智慧是活的」。所謂「死的」，就是不變的，意指對於所有的時間、空間、人、事、物都相同、放諸四海而皆準；而「活的」，係指會隨著時間、空間、人、事、物的變遷而改變。從這個角度來看，對於社會科學領域，任何強調放諸四海而皆準的，就是「知識」；反之，強調因人、事、物而變動的，就是「智慧」。變與不變的差別，在於不變的則具有清楚的是非對錯；若是非對錯會隨時空轉變而更替，就是變的。在知識領域中有「新的比舊的好」、「新的比舊的更正確」之說法，這便具有演化性往前發展的味道。

但智慧考慮的不是是非對錯，而是妥當性。甚至有許多所謂有智慧的講法，若從知識的角度看，可能根本就是錯的。譬如四兩撥千金，試想，四兩能撥動千金嗎？若以力學的知識來解析，四兩根本無法撥千金，除非是利用槓桿，而槓桿的設計就有其特殊性，而屬變的、智慧性的。再舉一例，我們說，不要樹大招風，但是樹大怎麼可能不招風？一旦樹大必然招風！當我們談到樹大不招風時，其實是希望要超越知識層次，而直指智慧層次。嚴格說來，所謂的有智慧，說穿了都不是是非對錯的問題，甚至從是非對錯的角度來看，有時根本可能就是錯的。

「智慧」和「知識」最大的差別，在於智慧是活的；之所以是活的，是因為它有針對性，是針對特定的行為者，針對特定的

行動者、行為者、人群或族群而言，才具備活的味道。只要是活的，就會產生共振、共鳴或感動，就會有活的感覺。強調活的，也指和特定行為者的生計、生活、生存及生命問題相關連，而有助於該行為者解決這四個層次的問題，就可以說是智慧性的。所以，所謂活的、智慧性的，必定有一個定位的主體，並與該主體的實際生計、生活、生存及生命有關。相對的，知識是死的，經常與特定行為者的生命是疏離的、被灌輸的、外來的，所以知識對任何人都一樣，是強加灌輸於主體上的，不必然有助於解決以上四個問題。當然，在邏輯上很難用 either...or...解釋，這不是能或不能的問題，而是程度上的問題。但是，一般而言，越有智慧性的，其實越能幫助解決實存各不同層次的問題；而越是知識性的，則越與實存生活無關。

　　我是台大經濟系畢業的，我曾經第一志願進入台大經濟系，但也是第一個離開經濟系的；之後唸了台大政治研究所，再到美國賓夕法尼亞大學（University of Pennsylvania）主修公共政策分析，並以政治經濟學這個領域做為我安身立命的方向。在這過程中，我有一個非常深的感觸，我在鄉下長大，從出生到長大的過程，每一階段我都面臨強大的衝擊，並因而發現，長期以來，我的腦袋跟腳跟是疏離的。我的腳跟是隨著實存生計、生活、生存和生命問題的解決而流轉，但我的腦袋卻被學術殿堂知識性的教育所形塑；兩者之間存在著可怕的鴻溝，以致於引起長期的矛盾、挫折與反省。所以我才慢慢的發現，知識跟智慧這兩個層次在本質上是完全不一樣的。

　　簡單的講，政治經濟學一樣具有知識層面，也有智慧層面；兩者的區別是非常重要的。一般政治經濟學的重點，都在於介紹、分析或是評論整個政治經濟學的發展過程，但我要強調的政治經濟學，卻不在於關心政治經濟學本身的發展，而是要建構出能解

決我們台灣政治經濟問題的方案。台灣所面對的政治經濟問題，包括一九八〇年代以來的解嚴、威權轉型或民主鞏固，到今天為止，問題解決了嗎？兩岸關係、亞太問題及全球化問題該如何解決？這些才是我真正關心的，能幫助或解決這些問題，才是我要的政治經濟學。智慧層面的政治經濟學，通常必須跟主體的生命相融合。

　　我所指的政治經濟學，除了是一種社會科學理論之外，還隱含著兩個層次：第一，一定要隱含整個歷史變動的哲學，這會將不同於主流的政治學和經濟學，因為它們都強調超時空的理性。第二，所有的科學都強調一般化的理性自利、原子式的個人觀，但若要活的、智慧性的政治經濟學，則必須以特定人當下被結構化的網絡及其歷史性因果變遷，做為思考及解決問題的開始；一定要隱含特定的生命哲學，意即跟人有關的哲學。

　　再從這裏面拉出來，回到整個政治經濟學的重構工程，我們必須超越政府與市場，要肯定、要落實到行為者的層次；我用「行動者」（actor）這個字作為主體，但也涉及將此行為者結構化的脈絡，故其中涉及整個歷史變動哲學和人的哲學。因為這套理論的建構，是由整體歷史社會看，而歷史是有因果的；在看待歷史因果時，行為者可以是個人，也可以是超越個人的組織、團體，甚至是社會、階級、國家等。只要可以確認一個明確範圍，可以形成意思表示或意志，抑或會受到利害得失的影響，都可以作為行為者。所以，actor 的概念比較寬廣，從個體到總體，只要有一個可以辨認的，能夠有意思表示或形成意志，可以承載利害得失的，都可以包括在內。

　　在整個政治經濟學中，我認為行動者是最關鍵的主體，因為整個歷史因果，都是由於行動者而發展，而且由行動者去展現；行動者是整體歷史因果發展的最重要觸動者，也是最後結果的承

載者。唯有落實到行為者的層次，才能知道歷史因果的果為何，也才能瞭解整個歷史的因。所以，如果要分析政治經濟現象，解決政治經濟問題，就要先分析歷史的因果，從歷史因果的流轉才能預測，甚至控制事實的發展。倘若瞭解因，就能預測果，誰說預測一定要使用量化方法呢？量化方法只是相關分析，不是因果分析。承接上述例子，相關分析係指車子左輪和右輪間的同時轉動，我們當然可以根據這個相關係數來預測，雖然可以不用瞭解左輪和右輪轉動都是因為引擎的關係，只要從兩個輪子的共變關係，就可以預測，而且很準確！根據左輪轉動的方向、速度，就可以預測右輪將如何轉動，這就是相關分析，而不是因果關係，如果要分析因果關係，還必須把引擎整個串起來，我想兩者間有很大的差異。

再引申下來，若以行動者為中心，所謂的政治性或經濟性也很容易瞭解。其實政治與經濟是相對的概念，要瞭解政治一定要先瞭解經濟。在概念上，經濟就是對資源的使用，著重如何讓資源使用極佳化，資源包括時間、物力、人際關係等。相對而言，政治不是強調資源利用的極佳化，而是著重如何增加資源；而增加資源最重要的目的，是達到資源汲取的極大化，因而極大化與極佳化這兩個概念，都是用來瞭解政治性的或經濟性的兩個邏輯的一種境界；其中有趣的是，極佳化也經常隱含有極大化的意義，而使經濟充滿政治性。例如，美國對外要求開放市場，其實即在使其資源利用進行極佳化。

從上述兩個邏輯來看，誰說極大化一定要和政府有關，其實企業與企業之間，也有極大化的問題；誰說極佳化一定得透過市場，不但個人可以極佳化，團體也可以極佳化，這個研究所或是學校也可以極佳化。透過這兩個功能性領域，考慮如何讓行動者極大化與極佳化，就是政治的，也是經濟的。所謂的極大化與極

佳化，如果只談什麼是政治、什麼是經濟，喪失行為者的意涵，所有的理論就只是知識性的。唯有涉及某特定行為者，才有所謂的極大化與極佳化，極大化當然需以特定的行為者而言才有意義，因為對 A 而言的極大化，對 B 來說不一定是極大化。好比「叢林法則」，對獅子最好，對老鼠不一定是最好；因此所謂的極大化與極佳化，必須針對某個行動者而言，必須鎖定行動者後，才能知道對資源是否有增加、是否有善加使用。所以，政治與經濟的討論，一定得針對特定行動者，如果沒有鎖定行動者，就會變成知識性的泛論。

　　例如，經濟學常告訴我們，「市場是利用資源最有效的方法」，你相信嗎？是指市場中的老虎還是老鼠呢？如果你是老虎，那麼可以說市場是利用資源最有效的方法；如果你只是老鼠，市場的邏輯－叢林法則，反而是讓弱者死的更快的一種方式，怎麼能說市場是利用資源最有效的方法呢？如果我是老鼠，政府的保護反而讓我活的更好，因為政府把外來的大型動物都阻隔了，政府採用保護政策，讓我有一個存活空間；但，一旦完全利用市場以及叢林法則，讓一切開放競爭，那我不是自尋死路嗎？如此，市場怎麼一定是善用資源最有效的方法呢？所以，談論政治或是經濟，不能只談一般形式化的泛論，而一定要落實到實存的歷史、社會脈絡，把政治、經濟落實到特定的行動者，到底是針對公民、官僚或菁英，內容完全不一樣。

　　舉例來說，兩個人要分一個餅，該如何分才合乎公平正義，是一人一半嗎？何謂公平正義？一個餅兩個人分，一人一半當然是標準答案。但是，當公民在分，可以是一人一半；若是官僚在分，是一人一半嗎？換成菁英在分，還是一人一半嗎？只有公民在分餅時適用一人一半的邏輯；換做官僚在分，一定會去看是哪兩個人要分，其中有沒有大哥，如果有一人是大哥，他怎麼可能

分一半而已;如果你是菁英的話,可能又會有另一種分配的邏輯。因此,對不同的行動者其實是有差異的,如何鎖定某個行動者,絕對是重要的。若沒有指定行動者,就直接說政治性的增加,或經濟性的善用,這是沒有意義的!

行動者指的是什麼?既然實存上每個行動者都不一樣,當然理論上也要反映每個人的這些不同。實存上,人是被結構化的,行動者是被結構化的,個體也是被結構化的;同樣的,超越個人層次的行為者,一樣也會被結構化。好比國發所就被鑲嵌在整個台灣大學,而台灣大學被鑲嵌在台灣目前的政經體系下,它才會有五年五百億的預算。實存的行動者都是被結構化的,結構化的本身當然可以把時空因素引進來,成為不同時間的結構化,和不同空間的結構化,不同時空的結構化都是不一樣的。然而,結構化過程中相同的是,都有稟賦問題,也有資源問題,這是進行政治或經濟行為最重要的基礎之一。所謂的稟賦,隱含著兩個概念:第一是有多少機會,第二個是將遭遇何種限制。被結構化的個人,就像一個生存於這個房間的人,有他的機會和空間,但也有一定的限制,因為有牆壁的圍限。當你存在於被結構化的空間中,你將知道門在那、玻璃在那,也知道牆壁在那,人被結構化的實存,就隱含著你有一定的空間,一定的機會與限制,也會產生一定的無能為力。

「結構化」可從三個層次分析:第一層是最物質的層次,包括財富、權力、知識或資訊等,這是最底層、最實存的脈絡;第二是含括行為面、制度性與社會性的層次,譬如人際關係、家庭背景、社團網絡等;最後,是文化、意識形態等。在這三個層次中,又隱含了機會與限制,大家可以體會一下其中的意義,嘗試著瞭解每個人在實存的空間中都會被結構化,而結構化有不同的層次,不但給予機會,也給予限制。人被結構化,讓人變成很複

雜的個體，使個人不再像原子一般存在而且具有清楚的「自己利益」（self-interest）；人被結構化後的「自己」，必須從實存的結構脈絡與自我認同中理解。你不但是自己，也是家庭的一員，可能又是某個社團的會員，某個政黨的黨員，某個學校的學生，或某個社會的公民及國家的國民。你具有這麼多不同身分，其實結構化後的「自己」，就是各種不同角色認同的整合。這就是為什麼一個愛國者，可以因為愛自己的國家，而把其他不同層面的角色全部抹煞；更極端的，公民的「自己」，通常是以其本身為主，而其「自己利益」，亦是以他自己的利益為主要內涵，包括公民追求的五子登科，都是以其個人的自己為核心。總而言之，在實存上，行為者是比簡單的「理性、自利的」內涵更具多面性。

　　另外，整套政治經濟學在我的思維裏，尚有一個可說是最重要的概念，就是"bias"。bias 的概念是政治經濟學中最重要的，沒有之一，是唯一的概念；也是相關概念中，最難瞭解的部分。一般人在瞭解 bias 時，會理解成偏見，如果真的理解為如此，那才真的是偏見。bias 其實是做為一種描述性的概念，只強調所涉及行為者之中的利害得失分配模式；也就是一件事涉及相關人時，產生的特定利害得失的分配關係，由這個角度來看，人事間所有存在的事物，對相關的行為者而言，幾乎都有 bias。

　　例如籃球規則或拳擊規則，這些規則迥然相異，拳擊有分級，而籃球沒有分級，天龍地虎都混在一起，所以籃球規則一定對地虎不利，但天龍比較占便宜。此外，任何選舉的投票法則，不論根據二分之一多數、三分之二多數，或四分之三的多數，或是根據單記法、連記法，也都有特定的 bias 存在。

　　bias 的概念，只是描述性的，不具有價值判斷，不是因為 bias 存在，就必須調整到公平，什麼樣又稱的上是公平呢？如果以先前所舉分餅的例子，一人分一半是一種 bias，給獅子「獅子的那一

份」（the lion's share）也是一種 bias。所以，所謂的 bias，就是針對相關行動者來看，一種特定的利害得失分配方式；bias 並沒有所謂的不當，或違反正當性的意義，它只描述一種特定的利害關係模式。此時問題便出現了，哪個地方隱含有 bias？bias 和利益有何相關？bias 不是利益的本身，但會影響利益的分配，所以它是一種間接利益的概念。bias 隱含在哪？之前提及的結構化的三個層次，在物質層次多少可以看到 bias，而在文化、制度還有行為的層次，幾乎沒有不隱含 bias 的。例如，敬老尊賢，到底是敬老先，還是尊賢先？又譬如，各種不同理論都有 bias：自由主義是一種叢林法則，對強者有利，是以中產階級而立說的；馬克思主義也有不同的利害得失關係，是以無產階級而立論的。以中國的理論看來，墨家可能偏向無產階級，儒家可能偏往中產階級，而黃老與法家，則顯然有利於統治階層。一般的政策都隱含有特定的利害得失，當然也含有 bias。

三、結論

　　總結來說，要把整個歷史因果落實到行動者上，再由行動者的稟賦與結構化的特質，去觀照其政治性、經濟性的作為；這些作為當然會產生結果，而影響到行動者的稟賦，並再影響其下一階段的政治和經濟行為。簡單的說，政治經濟學就在於分析掌握這些實存的行動者，瞭解他們如何運用稟賦，進行政治與經濟行為及其因果的過程。

參考文獻

蕭全政（1994），《政治與經濟的整合：政治經濟學的基礎理論》，
　　台北：桂冠，二刷。

蕭全政（1993），〈何謂政治經濟學？〉，《政治學報》，台北：第 35
　　期，頁 1-34。

蕭全政（1994），〈兩種社會科學典範〉，《政治科學論叢》，台北：
　　第 5 期，頁 59-85。

蕭全政（1997），〈組織與制度的政治經濟分析〉，《暨大學報》，台
　　北：第 1 卷，第 1 期，頁 1-16。

政治學與歷史學之整合研究

研究

——個人學思歷程簡述

陳儀深

中研院近史所副研究員

國立政治大學政治研究所博士

研究興趣：近代中國政治思想史、戰後台灣政治史、政教關係

一、前言

　　很高興在二〇〇六年四月初來到台大國家發展所。一九四七年的四月初,當時國防部長白崇禧來台「宣慰」完畢回南京報告。而戒嚴清鄉還在進行,要到五月十五日才解除戒嚴,這是指狹義的二二八事件。而我今天報告的主要目的是介紹各位跨學科的研究的時候可以怎麼做?會碰到什麼問題?以下就依我個人的經驗給大家參考。

二、政大歲月

　　我畢業於中興大學財稅系,後來就讀政大三民主義研究所碩士班,然後是政大政治所博士班。在政大三研所的時候,碩士論文是寫「中山先生的民主理論」,由商務印書館出版。在政大政治所的博士論文是「獨立評論的民主思想」,有關一九三〇年代胡適等一群自由主義者,在戰爭陰影下的那種自由主義,後來由聯經出版社出版。

　　對我而言,在政大求學階段中,歷史所的李定一教授是我生命中的一個重要的啟蒙者。李定一是四川籍的老教授,常從一個歷史學者的觀點議論時事,鞭辟入裏且肆無忌憚,對我來講是開了眼界。李教授對我的訓練除了喝高粱之外,就是讀史料,例如郭廷以所編的《近代中國史事日誌》,還有蔣廷黻有關外交史的資料集。本來我在三研所是準備主修政治學,可是我的興趣從進到碩士班之後,在李定一教授的指導之下讀史料並圈圈點點,看清

代朝廷的奏摺、硃批，也看出趣味來，所以在我寫碩士論文的時候，其實也是使用歷史研究法。

三、碩士論文的發現：重現孫文

當我們把政治因素或是其他的二手資料拋開，讀《國父全集》與所有孫先生的演講著作資料，有處處驚訝或是驚喜的感覺，因為與平常的印象不一樣。例如國共兩黨既然是死敵，孫文怎麼會去稱讚俄國的列寧？國民黨的民國十三年改組是怎麼一回事？在列寧去世的時候，國民黨會為列寧降半旗三天？這些發現對我實在也是蠻大的衝擊。我在寫論文時，從史料出發發現孫文同樣主張憲政，它的前後內容是怎樣的不同。所謂「軍政、訓政、憲政」的建國程序，到底是用三年或六年的時間做界限，或是用實際準備的條件作限制？也就是掃平障礙之後的訓政，要地方自治達到什麼程度才可以進入憲政？我發現孫文講的憲政不是指全國有一個憲法的那種憲政，而是一省一省的、以省為單位的逐省憲政。過半數的省分達此程度才進入全國的憲政時期，才能「開國民大會決定憲法而頒布之」。當初寫到這裏的時候，就覺得過去沒有人講過，這可能是我「發現」的。畢竟很少人講得清楚孫文是主張怎麼訓政怎麼立憲的，所以我覺得自己做了開拓性的工作。個人覺得這是一種發現的驚喜，不一定有什麼價值，只是在探索孫文思想的時候，觸及比較細緻的一面，比較沒有人講過的部分。

其次在制度的方面，一般講五權憲法都是很表面的理解，其實在孫文思想中的民權就是民主，他受到西方的影響，對於三權分立作為立憲政治的通義，是有所掌握和瞭解。所謂的五權憲法制或者國民大會制，先選出一個國民大會然後產生五院，並不是

一貫的主張。他在民國七年的孫文學說就提到，立法院是西方的國會，也就是三權分立制衡的觀念。民國十三年的國民大會制，反而是傾向俄國蘇維埃的制度，是比較特別的主張。

後來我看到一九三〇年代的胡適也有類似的發現，他說所謂奉行國父遺教究竟是奉行哪一套？這就是從歷史研究法裏面，去解構那個意識形態，因為意識型態總是被建構成唯一的、不可挑戰的，就是要奉行的教條。可是孫文講的東西有這麼多套，到底要用哪一套？難道是像法律一樣後法優於前法嗎?那可不一定!有時候是年輕時代講的比較好，晚年的時候可能是受到俄國的影響，反而是比較階段性、權宜性的東西。所以我的碩士論文對此應該是有一定的貢獻。

四、《獨立評論》的民主思想

我的博士論文以一九三〇年代《獨立評論》這個重要刊物為對象，一九三二年到一九三七年總共五年多的時間，有一群教授學者與知識分子寫了這麼多文章。我就必須以內容分析法，做一些統計，這些是死功夫，只是在分類上要小心，總共有一千三百多篇文章，分成三類，每一類有七到十個小類。我的主旨是處理與民主政治有關的東西，也就是第一類的文章，大概有三百九十二篇。從作者的部分開始，把胡適、蔣廷黻等一位一位分類排行出來。因為在講一份雜誌的民主思想，就是要找出（至少在數量上）能具有代表性。因此，這些基本的內容分析，就集中在胡適、丁文江、蔣廷黻、陳之邁、傅斯年、陶希聖、蕭公權、張奚若、張中紱、張佛泉、陳序經、董時進，差不多十個左右的這些人裏面，我們可以發現，有一套觀念體系在焉，若要理解二十世紀中

國的自由主義，這是相當值得注意的一群人。

　　我們通常會以為，民主自由和國家主義是針鋒相對的，個體主義跟集體主義的關係如水火不容，可是事實上，我們從這些自由主義者身上，可以發現到超越或調和的一面，稱作「自由民族主義」（liberal nationalism）。這方面我曾在九〇年代的中後期，另外寫一篇論文，在中研院近史所的集刊出版。舉例而言，當時有一個叫董時進（1900-1984）的政論家，他說為了要抵抗日本，要國家的生存，哪怕要像軍閥一樣用拉伕的，用橫徵暴斂，也要把力量榨出來，以便打敗日本鬼子；胡適就公開批評這個想法，他說他非常生氣，認為說如果這才是救國，亡國又是什麼？還需要日本人來滅中國嗎？這個思想就是亡國，一個國家的存在價值是什麼？如果要用這種拉伕、壓榨人民的方式來抗戰的話，這就是亡國。我覺得這裏有他作為一個知識分子的堅持，與顧炎武講的那個亡國、亡天下有類似的意思。

　　在胡適看來，若要人愛國，先要國家可愛，所謂的愛國心，是國家事務要讓人民參與才會產生的。這個國家如果都是以黨治國，都是國民黨的國，那其他人為什麼要配合呢？所以胡適認為要有一個民選的國會，來容納不同的黨派、不同民族、不同區域的人，參與國會，國家的力量才能凝聚起來。這樣的話，講團結抗戰，才符合實際。可是另一方面蔣廷黻並不認為如此，他說國會有什麼用？只要軍閥用一連兵就把你解散掉了；而胡適認為有軍隊可以解散的國會，就有軍隊解散不了的國會，總之信仰的力量還是很大的。像這樣的討論就會變成不錯的歷史資源，讓後人去思考民主政治與民族主義之間的辯證關係。這之中會創造一些概念，像胡適之所說民主政治是幼稚的政治，平常百姓儘管看球賽，然後逢時逢節，畫個NO或畫個諾（意指投票）就好了，所以民主政治就是幼稚園的政治。這個用意是很好，用來勸告當政者

不要拿訓政或開明專制當藉口，民主沒有什麼困難，做了就是。當時他們同一個陣營的人也有出來批評，如張奚若或者蕭公權認為，這個講法不好，因為民主政治有它複雜的一面，有它深奧的一面，不要小看英美國家，他們民主投票能做的好，其實是不容易的。蕭公權有一個比較替代的講法，叫做「下水學泳論」。這個名字是我為了要容易記容易表達，把它命名的，就是說要學會游泳就要先下水，否則光是在岸上用講的，手要划幾度，怎麼抬頭，都不濟事的，就是要下水，民主是民主最好的訓練。這個說法可能比胡適的好，更有說服力。

　　一個學術的論文，思想的討論要奠基在可靠的材料上，所以需要內容分析法，把所有的文章歸類整理之外，要有好的附錄、好的索引，就算是一個階段性的完成。我後來聽台大歷史所的朋友說，張忠棟教授的課裏面要求研究生要讀這本書，使我倍感光榮。

五、概念的掌握

　　後來我在中興大學法商學院教書所整理的《近代中國政治思潮》一書。主要還是擴大原先我國做過中國國民黨的理論與歷史以及自由主義思潮還有影響後來的社會主義、共產黨等等。要講「思潮」，我贊成梁啟超所講，「思潮」比「思想史」還要更貼切。因為思想史必須講這個大家那個大家，一個一個來，可是有很多不夠大的人物也有他的影響力。發揮影響力的常是一個群體，包括發行雜誌，所以用思潮的方式理解一個時代，是必要的方法。

　　近代中國在民主主義之外，還談到文化抉擇的問題，有新文化運動跟自由主義的問題，然後國民黨統治之下的自由民主主

義，再來就是社會主義的思潮。可以從更早的太平天國，一直談到一九四九年，其中當然要處理馬克思主義在中國的問題。這樣一來，比較能夠把近代中國思想脈絡跟現實政治的關係銜接起來。順便一提李定一教授的玩笑話，他說不可以講太平天國，應該講「太平軍」，因為天國是自稱的，所以這些用詞「必也正名乎」！若對「概念」掌握的很精準，也表示概念的清晰。一般所謂社會科學跟自然科學好像有鴻溝，事實上社會科學也要求精準掌握概念的精準。

六、佛教與政治

　　我業餘的興趣就是探討佛教與政治的關係（政教關係），開始比較深入的研究是關於太虛法師。我先是研讀數十冊的《全書》，然後看國史館的內政部檔案，歷史學研究最重要的就是要有一手資料。太虛作為一個佛教的大師，他是怎麼樣看政治？我看過一些私人的函件，他跟蔣介石有一些私人的交往；蔣介石的故鄉浙江奉化有一個雪竇寺，蔣氏曾經特別邀請太虛到那邊去住持。當時太虛碰到一些佛教的劫難，因為民國時期的政府，跟清代的政府一樣，犯著中國傳統的一個毛病，是儒家思想的防衛：一種對「異端」的偏見，所以會有強徵廟產、攤派稅捐的事。例如說：要在各地推展教育與蓋新校舍，不如用寺廟來當教室，這其實是一個不好的想法，沒有近代民主的法治概念。不論是財產權的觀念還是宗教自由的觀念都是很欠缺的。太虛法師看到這些挑戰，他致力於教制、教理、教產的革命，也就是推動佛教現代化的運動。

　　我曾經得到國科會的獎助，從事「民國時期的佛教與政治」

的研究。社會科學研究，大概從很多不同門類進來看的話都會有一個共同的發現，就是：真實的世界是複雜的，人性是複雜的。很像金庸寫的小說，出神入化，就是呈現人性複雜的一面，讓你覺得善的裏面有惡的成分，惡的裏面有善的成分，這樣就成功了。我發現佛教與政治的關係，就是有這個複雜的一面，例如民國時期的政府，特別是地方政府，對於地方寺廟的管理方式，犯了前述儒家的偏見，就是不事生產的寺廟很像罪犯一樣，必須把財產交出來；可是另一方面，一些擁有田產的寺院也會透過地方政府（縣長）派兵去幫他們收租，所以雙方並不全都是對立的。換句話說，佛教也利用政治來營生。二十世紀上半葉中國佛教的資源，應不像今天在台灣佛光山、慈濟那種大戶可以得到幾億捐款。所以還是要依賴傳統的寺廟經濟方式，添香油的收入以外，佛教寺廟本身就是大地主，地主收取地租不一定順利，因為有些佃農是「刁民」，不交稅、抗租，因此寺廟就需要縣政府派兵去幫他收租。因此，這種政教關係的簡單關係，並非是宗教被政治壓迫，真實的世界是複雜的，不是一般想像的那種單線的方式。另外，我也做過〈政權替換時期佛教法師的調適問題〉，就是比較留在大陸的虛雲法師、明真法師，以及來到台灣的印順法師、道安法師（民國的道安不是古代的道安），可以看到改朝換代對佛教的影響，以及不同性格的佛教法師所表現出來的風格。道安是幫助國民黨宣傳反共，而明真是支持共產黨政權且擔任新中國佛教協會要職；虛雲是禪宗的一個大師，而印順是一個著作等身的學問僧。他寫的《妙雲集》非常精采，一直影響到今天台灣「人間佛教」的發展。現在闡述印順思想很有代表性的是昭慧法師。包括今天中國大陸的許多佛教學者，每次來台灣取經最熱門的也是印順思想有關的東西。

　　由於近代佛教史方面我寫過幾篇論文，所以台大設立的佛學

研究中心，為了充實數位化的資料庫網站，曾經有助理打電話來跟我要個人相關著作的電子檔，我立刻提供給他們，那時候找出來的大概有七篇。總之這是我的興趣之一，說不定在未來我未來的學術生涯中，可能會回頭再做一些研究。

七、戰後台灣史研究

由於對於台灣現實問題的關切，最近幾年我幾乎把全部的精力轉到戰後台灣史研究。九一年、九二年算是一個開端，因為我有機會去美國史丹佛大學東亞圖書館，進行一個訪問研究的計畫。在史丹佛的胡佛研究所當時張富美女士在那邊上班，她曾經努力搜集台灣史的資料，特別是跟二二八事件有關的。我在那邊五個多月的時間，至少有三個多月都在看二二八的資料，覺得必須要趕快把它寫成論文，所以我第一篇有關二二八的論文〈論台灣二二八事件發生的原因〉就是在那裏寫成的，後來被收錄在《台灣史論文精選》。其實，這跟今天的主題有關，就是政治學和歷史學的關連。因為，受過政治學訓練的人，在看歷史事件的時候會看到一般歷史學者如李筱峰、張炎憲等人沒有注意到的問題。例如「概念界定」的問題。二二八事件是從二月二十七號發生的，但是何時結束？如果沒有時間的界線，如何說明死亡人數有多少？如何去談因果關係？所以，在那篇論文中，我首先談到了界定的問題。大概分成一開始的「初期暴動」階段，接下來就是一面交涉一面對抗，大概是三月初到三月九日。三月九日援軍進入台北之後，再度宣布戒嚴，就進入第三階段，也就是鎮壓或屠殺階段，一直到五月十五日解除戒嚴。那麼論死亡人數或是事件因果，應該有基礎了。

　　不過講二二八事件原因的時候，是指暴動還是鎮壓的原因？民國九十五年時馬英九曾經提出「官逼民反」說，應是指前階段的暴動。因為日本統治五十年造成文化的落差，國民黨來台的軍隊素質不良，加上戰後失業情況嚴重，南洋回來的軍人無法立刻找到工作。此外，民國三十六年元旦的時候，由於公布憲法，還大赦人犯四千多人，都是社會不安的原因；暴動的原因還包括用人歧視，長官公署九個處的正副處長裏面只有宋斐如是台灣人，不過宋斐如在事件中也被殺了。因此在用人方面也是激起民怨和暴動的原因。不過，二二八事件只有這樣子嗎？當暴動已經控制住了，仍繼續進行一些不當的屠殺，背後的原因是什麼？其實國民黨在大陸時代就是這樣的毛病，不是來台灣才這樣。對於一個政權的性質與習慣要有一些掌握，不妨多看一些戰後的舊報紙。例如在當時的《華商報》中指出，在上海、北平、廣州動輒數百數千人在一夜之間被抓走，是司空見慣的事，難怪國民黨失去人心，以致到後來被共產黨打敗。這些都是重要的背景，不是只有看到台灣內部而已。

　　抗戰期間，許多大學生往延安投共去了。為什麼會如此？這些事情顯示，國民黨在台灣失去民心的狀況不是例外，這是一個缺乏人權觀念的政權常會有的現象。二二八研究方面我除了寫原因／結果之外，還有寫到「處理委員會」的部分。一般人認為半山都是壞人，其實這不一定，因為在處理委員會裏面也有半山表現得不錯。但是蔣渭川對處理委員會的指責不遺餘力，部分的原因是，他當時沒有被容納到處理委員會，因為處理委員會經過一個改組，改組之後就變成公職掛帥。蔣渭川只有「政治建設協會」也就是民間社團的頭銜，就被排除了。然而陳儀等人頻頻與他接觸，他還頻頻在電台公開批評處理委員會，在動亂裏面不以大局為重還勾心鬥角。所以要檢討二二八事件應該要包括這一個層次

的檢討，就是台灣人內部的問題。蔣渭川沒事以後，又擔任省民政廳的廳長。

客觀而言，在那樣的亂世裏面，也不必給蔣渭川太多的苛責。只是我們純粹就人民立場與政府對話來談抗暴的話，出現這種現象其實應該加以檢討。

今年二月二二八事件紀念基金會出版了《二二八事件責任歸屬研究報告》，是大家知道的事，我負責撰寫的是第三章「南京決策階層的責任」。其實在去年五月我就曾經把這一章的初稿，在中研院近史所公開報告過了，題目是「論南京政府對二二八事件的處置—以蔣介石為中心的討論」。我看到的南京政府也是個「複雜的」南京政府。所使用的很多資料其實不是今天才出來的，近史所在九二、九三、九七年陸續出了六冊。大家不要自我設限，好好看這些就會變得內行。我記得李定一教授曾經說，一個領域如果你能讀一百本書你就是專家，所謂一百本書當然是一個形容詞，不一定真的一百；就是要廣泛地、認真地、公平地看。如果帶著有色的眼鏡看可能也會看不清楚。這就是一種史學方法的觀點。

大溪檔案與二二八事件有關的計有九十九件，包括蔣介石發出去與蔣介石收到的這九十九件，其實已經勾勒出南京政府處理二二八的概況，那個軸線也就出來了。一個政府大概不會整個那麼昏庸，其實還是有清楚的人。當時的監察院于右任院長以及楊亮功、何漢文等委員就是清楚的人。楊亮功的年譜，聯經出版社早就出版了，有關二二八的調查報告也寫得很清楚。除了他之外，還有監察委員何漢文、丘念台他們也都來台灣親自看了、聽了，也都寫了報告。所以對於二二八事件的認定，「屠殺」這兩個字不是後者所說的。而且楊亮功更早在事前就警告，台灣這裏有很多貪污要改進，結果對此南京政府並無回音。總之，蔣氏可能對陳

儀信任有加，另外國共內戰打得如火如荼可能也是一個原因。

　　當年二月二十八日的戒嚴只是很局部的，援軍抵達以後，也就是三月九日的那個戒嚴比較嚴重。福建來的憲兵和楊亮功是搭同一條船，在三月八日晚上登陸基隆。登陸之後，一部分留基隆、一部分漏夜開往台北。楊亮功在三月九日清晨見到了陳儀，陳儀在當天就宣布戒嚴。從檔案可以抓到比較精確的說法，就是所謂三月八日援軍登陸以後，不是整編第二十一師，而是福建來的憲兵；整編第二十一師，是三月九日以後的事情。二十一師分別從基隆、高雄登陸，南北夾攻。有一些比較急的就從松山機場空運到嘉義水上機場去解圍。大概十二、十三日軍隊就進入新竹和台中，局面很快就控制了。所以那樣的一個全省性暴動，是沒有旗幟路線的，不是共產黨能夠掌握，也沒有一個明確的台獨主張，明顯的是使用比較激烈的反抗手段要求政經改革。可是一旦被鎮壓的時候，很快就被解決了。

　　黃富三教授對此很不解或很不以為然：明明不是要叛亂，為什麼要用這麼激烈的手段，卻只提出自治的要求。最凶悍的部隊，不是共產黨的謝雪紅嗎？可是她在台中的公開主張也是提到高度自治，台中雖然成立所謂「作戰本部」，可是二七部隊撤到埔里，一接到地下黨給的一個通知，說要保留實力，謝雪紅就跑了。所以說二二八事件沒有旗幟，沒有領導，武裝的路線只有台中和嘉義，也很快就瓦解了。因此，在追究責任問題的時候，我不同意黃彰健先生等人把它歸諸台獨叛亂，不是共匪就是台獨？所以鎮壓有理？這都是過去國民黨的官方說法，禁不起開放後的資料考驗。

八、台灣地位問題

　　最後我來談談最近看了外交部的檔案之後，對於外交史的一些心得。就像二二八是台灣知識分子的必修科一樣，有關台灣地位問題的探討也是，要用一種主觀想像把期望當作事實嗎？還是要進去檔案裏面看。我最近的發現是，一九五〇年代的國民黨政府，清楚地知道台灣地位未定的壓力以及中華民國地位的風雨飄搖。但是在宣傳上為了要鼓舞士氣，所以反攻大陸解救同胞、美國是我們最堅定的盟邦、民主自由一定能戰勝共產主義等等宣傳的語言充斥，我們從孩提時代都耳熟能詳了。可是我們看檔案就知道，當時行政院有一個研究小組，他們知道美國總統特使杜勒斯（John Foster Dulles）為了舊金山和約而周旋於各國之間，台澎問題的解決方案之一是由列強商量同意來解決掉，台灣的中華民國政府當然不能接受；後來第二個方案是，讓它「懸而未決」，在戰後和約中不講台澎歸屬何方。這是當時中華民國政府可以接受的次佳方案。這方面的詳細討論，可參考我和薛化元等人合撰的《台灣國家定位的歷史與理論》。

　　中美共同防禦條約為什麼只有台澎而沒有金馬？因為馬關條約割讓給日本的只是台澎，日本依舊金山和約放棄的也是台澎，至於金馬一直都是中國的，並沒有國際上割讓的問題，所以中美共同防禦條約中沒有包括金馬才是正常的。此類的認識比較不是學術專業的問題，而是一個判斷的問題，一個平常心的問題。最後，做學問並不是一定要學什麼才是寶刀武器，還是要存乎一心；要覺察自己存在的時代位置，要有解決問題的熱情，才能掌握到問題的重點。否則的話，我們看了那麼多美中台三角關係的資料，

所為何來？當然是有所關切、要尋找出路，而我們尋找出路的時候，不免會選擇立場。我們自然會有不同於美國學者或大陸學者的、屬於我們自己的觀點，會有台灣出發的角度。這是一個角度問題，但是不能違背事實。總之，若能把志業和職業結合起來，比較有成就感，而且也會從中找到學術工作的樂趣和意義。

參考文獻

陳儀深（1980），《中山先生的民主思想》，台北：商務印書館，頁319。

陳儀深（1989），《「獨立評論」的民主思想》，台北：聯經出版公司，頁387。

陳儀深（1997），《近代中國政治思潮》，台北：稻鄉出版社，頁239。

陳儀深（1990），〈太虛法師的政治思想初探〉，《中央研究院近代史研究所集刊》，第19期，頁279-298。

陳儀深（1994），〈國共鬥爭下的自由主義，1941-1949〉，《中央研究院近代史研究所集刊》，第23期（下），頁237-266。

陳儀深（1996），〈政權替換與佛教法師的調適——以1949年前後的明真、虛雲、道安、印順為例〉，《中央研究院近代史研究所集刊》，第26期，頁339-367。

陳儀深（1999），〈自由民族主義之一例——論《獨立評論》對中日關係問題的處理〉，《中央研究院近代史研究所集刊》，第32期，頁261-289。

陳儀深（1992），〈論臺灣二二八事件的原因〉，二二八民間研究小組等合辦，《二二八學術研討會論文集》，台北：臺美文化交流基金會等，頁27-75。

陳儀深（1998），〈再探二二八事件處理委員會——關於其政治立場與角色功能的評估〉，張炎憲等編，《二二八事件研究論文集》，台北：吳三連基金會，頁 153-168。

陳儀深（2004）（與薛化元、李明峻、胡慶山共同撰寫），《台灣國家定位的歷史與理論》，台北：玉山社，引論及結論。

陳儀深（2006）（與黃秀政、李筱峰、陳翠蓮、何義麟、張炎憲共同撰寫），《台灣二二八事件責任歸屬研究報告》，台北：財團法人二二八事件紀念基金會策劃、張炎憲主持，第三章「南京決策階層的責任」。

張力（1987），〈學人簡介：李定一〉，《近代中國史研究通訊》，第 4 期，頁 93-96。

政治學與人類學的整合研究

方孝謙

政治大學新聞所教授

美國芝加哥大學社會學博士

研究興趣：傳播社會學、社會變遷

一、前言：「控制型知識」與「知識型知識」

　　以前我主張人類學者與政治學者對第三世界的市民社會的研究可以整合切磋，現在我想從知識論和方法論方面，來談論人類學與政治學可能整合的基礎。主流政治學一貫注重因果分析；另一方面從七〇、八〇年代以來自「語言學的轉向」到「文化轉向」中，有些新的議題雖然接觸到權力及人與人之間不平等的現象，照理說應該屬於傳統政治學的範疇，但是其分析方法，則比較接近人類學的品味。今天我就把因果分析與文化分析的比較做為演講的重點，從中也許可以窺知人類學與政治學整合的基礎。

　　社會學家哈伯瑪斯在一九七一年寫了一本《知識與人類興趣》的書，從哲學的角度關心社會科學的知識。他在書裏面提到一個框架，把七〇年代的社會科學知識分成三種，第一種是例如政治學或是經濟學這種所謂經驗研究的科學，科學家使用因果分析來做研究，得到的知識可以做為「控制」之用。例如當你知道一個礦區常常有災變時，當然會派地質學者去研究，而研究的結果是此地的地質結構非常脆弱。當得到這個結果時，你就會把這一結論做控制之用：因為礦區地質結構脆弱，所以灌漿來使得發生災變的機率變小。所以經驗科學的研究，是要得到因果的知識以解決問題，也可以說主流科學的目的就是要能控制環境。

　　但相對於控制之外，像歷史學、人類學這些從事「詮釋」的學科，他們追求知識的目的倒不是為了控制，而是為了瞭解：譬如說如果埃及豔后的鼻子長一點的話，是不是整個西方的歷史都會改觀，因為埃及豔后變醜了，凱撒大帝和他的大將安東尼就不會雙雙愛上她，而凱撒的義子屋大維也就不可能最後擊敗安東

尼，成為羅馬皇帝。西方的歷史演變是我們現在認識的這個樣子
而不是別的態樣，這其中就有必要瞭解為什麼凱撒當年會愛上埃
及豔后。這裏的「為什麼」是要追求意義上的瞭解；歷史人文知
識的目的不是為了控制而是為了瞭解，設身處地的瞭解。

　　除此之外，當哈伯瑪斯還是阿多諾（Theodor Adorno, 1903-69）
的學生的時候，他們師徒就提倡社會科學應該追求「批判」的知
識而成為批判科學，也就是追求馬克思主義的分析方式。在馬克
思評論費爾巴哈（Ludwig Andreas Feuerbach）的著作中，他講了
一句很有名的話：「到目前為止所有的哲學家主要的工作是在詮釋
世界，但真正的要點是他們應該去改變它。」所以馬克思以他的
研究知識批判現狀的同時，也希望能夠推翻現有的秩序。哈伯瑪
斯稱能夠改變現狀的知識為批判知識，而批判的結果就是為了要
改變現狀。七○年代歐美的社會主要是消費型社會，人迷戀在物
慾裏面。哈伯瑪斯認為這種生活狀況不可取，所以要透過馬克思
主義的分析，把人從異化的狀態之下解放出來。這也是他極力提
倡批判科學及其解放目的的原因。

　　但畢竟《知識與人類興趣》已經是三十年以上的舊作，書中
把社會科學的知識涇渭分明的分成三種，這就產生一個流弊：你
會認為如果政治學就是一門經驗科學那它就只是要講求「控制」，
而可以完全放棄「瞭解」。可是我們這裏是要談人類學與政治學的
整合，那我們就必須在所謂涇渭分明的三種知識中找到一個接觸
點，使得三種知識能夠截長補短兼具控制、瞭解乃至解放的作用。
所以對哈伯瑪斯在本書中提的大框架，我的批評就是，他把不同
的知識放在不同的格子裏，可是格子跟格子之間是不相通的。這
與我們下面要講的重點，也就是在控制型知識與瞭解型知識的匯
合方面剛好背道而馳。從我們的角度來看，哈伯瑪斯在七○年代
受到派森思（Talcott Parsons, 1902-79）社會學的影響太深，太從系

統的觀點來看知識的本質，而忽略到知識最終應從人性出發；也就是說哈伯瑪斯疏忽了「能動性」（agency）的問題。我提出這個批評的主要目的，是要說人類的行動具有能動性，而能動性可以做為控制型知識與瞭解型知識結合的基礎。

二、因果關係的機制

如果我們說今日主流的政治學還是追求因果的分析，那麼這裏的因果關係，從知識論，或者說從社會科學哲學的觀點來看，大概包含了兩個主旨。首先是所謂因果機制的主旨（另外一個是「規律的歸納」主旨）。我們所研究的因果分析最重要的，是找出「因」所以會導致「果」那個中間的機制。「機制」是什麼？簡單的講，就是從自變數到應變數中間的一系列事件，而這一系列事件是沿著一種規律在那裏發展的。所以「有規律性的事件的發展」就是所謂的機制，而這個機制是發生在自變數與應變數中間。如果你們能暫時接受我這樣的定義，那我就舉一個例子說明什麼是因果機制。大家也許跟我一樣都喜歡看 CSI 犯罪現場的影集，那麼我們假設鑑識組的人員，到了車禍現場：懸崖上有一部卡車突然衝出公路旁邊的欄杆，而駕駛員當場斃命。那到底這是一樁意外還是一件謀殺案？鑑識人員當然要在現場找蛛絲馬跡，我們假設當他們在蒐證的同時，有一個警官告訴他們有人證看到在下坡的時候車子並沒有減速，反而速度越來越快，所以在急轉彎處就衝出欄杆，造成這樣的車禍。這時你就會懷疑為什麼死者當時沒有減速，煞車是不是有問題，因此你就會仔細查看車子的煞車，檢查來令片有沒有問題。接著你發現並不是來令片不發生作用，而是煞車油完全漏光了。接著你問為什麼煞車油為什麼會完全漏

光?你就會在這些蛛絲馬跡中檢索,你發現貯存煞車油的輸油管好像有遭到破壞的現象,你把它剪下來拿到實驗室用顯微鏡仔細看,發現它並不是遭到像剪刀或是刀片很平整的破壞,反而像是由尖尖的石頭所劃破,顯然這是汽車開過石頭路被飛濺起來的小尖石所刮破的,所以油管破裂的痕跡跟剪刀剪破的不一樣。而且你還發現不只一道而是有很多道切割的痕跡,才造成裏面的煞車油完全漏光。所以根據所有的證據,你建構了是什麼原因造成這樣車毀人亡結果的故事,而這是一個因果的論斷。在這個故事裏,你宣稱找到了最終的原因是煞車油油槽的油管有遭到尖石割破的痕跡,而導致煞車油漏光、煞車不靈而釀成車禍。你的鑑識報告因此判斷整起車禍是意外致死的狀況,而不是謀殺。你的因果解釋同時幫助你排除了本案是謀殺案的可能性,這也就是對事件未來發展的「控制」。

我們說一個簡單一點的例子。今天要考期中考,結果你遲到了四十分鐘。你跟監考官解釋說你一出門的時候剛好碰到下大雨,所以導致遲到,請讓你有機會參加考試。他就問你是幾點出門,你說是今天七點準時出門,準備搭七點十五分的國光號從中壢到公館,但是因為下大雨等到七點四十五分的時候車子才到,所以你才會遲到。在這個簡單的例子裏,「因」當然是出門的時候下大雨,導致你遲到的「果」。但是你要說服監考官你是因為有正當的原因才導致遲到的,所以你就會在因果中間找那個機制。那個機制是什麼?就是因為下雨的關係讓公車脫班,或者是因為下雨的緣故公車出了車禍。有了機制才構成解釋;這才是因果關係能成立的重要地方。再強調一遍,所謂因果的解釋,就是要清楚說明自變數與應變數中間的機制。

如果用社會學者何門斯(George Homans, 1910-89)的講法,整個的因果機制包括三段論,也就是三種命題。第一,一個好的

因果解釋應該有一個全稱的命題，以剛才的例子來說，正常的汽車不應該會失控，這就是一個全稱的命題。但這種全稱的命題常常是「同義重複」（tautology）：正常運行當然就排除了汽車會失控。我們更需要的是第二個命題，一個特稱的命題用來描述應變數。怎麼描述？那就是煞車不靈的汽車就會出車禍；也就是說要有「特稱命題」來反對「全稱命題」。但最重要的是最後一個命題，也就是說明「特稱命題如何適用在眼前情況」的「條件命題」。在我們上面的例子裏，煞車不靈的原因當然是因為煞車油漏光了，而煞車油漏光是因為有尖銳的碎石不斷的割破油管所導致。所以解釋眼前車禍的「條件命題」，就在說明是「飛噴的尖石割破油管」這個情況，使得「煞車不靈導致車禍」的「特稱命題」適用於解釋眼前的車禍。

　　關於因果機制這個主旨，還有一點要補充。到了最近九○年代一般社會科學研究者或哲學家的看法，認為所謂的機制當然是用來連接因跟果之間的一些事件，而這些事件最終要到哪裏去找？答案是要從行動者有意義有意識的行為裏面去找出來。那麼有意義、有意識的行為包括有哪些？理性選擇是其一，這裏假設人是有理性的，因此他的行動基本上是合於常理而可以預測的。而只有在看到他不理性的行動時，你才會去反推他真的是因感情衝動或情緒失控，才導致他不合常理的行為。社會規範與價值對我們的決策的影響（譬如人類學者會講到，個人的行為會受到宗教、意識形態的影響），也構成有意義、有意識的行為；也就是說也可以構成我們的機制。所以「機制」與行動者主觀的意識有密切的關係，這已經是九○年代社會科學家、哲學家的一般共識。

　　我們再舉幾個例子說明社會科學所重視的機制有哪些。再以何門斯的兩個例子來說明。第一，他說個體的行動如果導致回報，那個體就會傾向去重複那個行動；你每次這樣行動的結果都讓你

自己得到報償，你就會更加傾向去做這樣的行動。再進一步就涉及到主觀價值的問題，何門斯說如果你行動所得到的回報越受到你個人的珍惜，那也會讓你傾向於重複那個行動。這兩個例子都用「個體的主觀價值」來作為社會學的因果準則。

可是也有不同的意見，像涂爾幹（Emile Durkheim）解釋自殺，就認為自殺程度的高低是因為社會整合程度的影響：社會整合越高的地方，那個地方的自殺率會愈低。把社會整合當作因，自殺率當作果，這裏的解釋就完全不涉及人的主觀意識。涂爾幹會這樣解釋是由於他的研究使然。他調查法國各地的自殺率，發現信奉天主教的地方自殺率比信奉基督新教的地方低，關鍵在於這兩種宗教整合人心的力量不一樣。身為天主教徒你每個禮拜至少要找個時間去跟神父告解一次；你一出生就是一個教徒，去教會等於是生活中的一部分。可是基督新教完全相反，馬丁路德很重要的一個說法是「人憑著自己的力量去讀懂了聖經，就能夠瞭解上帝」。在這種情況下，教會介不介入就不那麼重要了。所以「社會整合」的概念指的是像天主教教會對教眾的吸引方式，而對照基督教教會的整合方式就使得自殺率發生差別。涂爾幹的論證方式用到因果關係，但沒有用到我們所謂心理層面的關係，這可以跟何門斯的方式做一個對照。

三、規律的歸納

我們瞭解了所謂因果的分析就是要找出機制的所在，除此之外，因果關係還有一個主旨，就是「規律的歸納」主旨，這個是哲學家休姆（David Hume, 1711-76）講法。他認為所謂的因果關係可以舉例如下：我看到有人向我揮拳，然後我的皮膚有被重力碰

到的感覺，使我感到「好痛！」。所以我看到揮拳的「視感」加上後來皮膚的痛感，這兩種印象的聯結就構成了所謂的因果關係。休姆的因果關係中間沒有什麼機制的問題，純粹只是前後兩個被感受到的主觀印象的聯結。這種說法很適合統計學上「相關」的講法。但是我們要強調，不管是「相關」或是「規律的歸納」，就令人滿意的因果解釋來說，它們都不如找出因果機制來得重要

　　能動性可以做為控制型知識與瞭解型知識結合的基礎，我們也已經把控制型知識的根本在於找出因果機制說得很多了。時間所限讓我轉而探討瞭解型知識與文化分析的關係。

　　在此，先澄清幾個名詞的意義。首先是「行動者」（actor），我們所謂的行動者是指有血有肉有記憶，自己能瞭解自己在做什麼的人，而不是像後現代主義者那樣，主張人的自我是由語言所建構。太多人講語言建構論，我始終不這樣認為，因為這樣的講法會讓我們永遠可以追問這個問題：語言是誰創造的？語言一定是人創造的，不可能是語言創造人。其次是瞭解，如果說文化分析的目的是在瞭解，那麼瞭解就有四個特徵：第一個特徵，是個體要瞭解他所在世界的「再現」，再現就是別人所講的話，報紙裏面白紙黑字寫的，甚至塗鴉也是再現，所以瞭解就是要知道我之外世界的再現性，不管是用寫的、用說的、還是用畫的。第二，我們假設分析的對象是個有價值感有目的的人，如果說他是個智障，或者說他不能講出行動的目的何在、他的價值意義何在，那麼我們就沒有辦法去研究他。第三就是瞭解決定個體行動限度的規範。人的一舉一動是被社會環境所拘束，有各式各樣規範我們行動的準則，一旦違反了它們就會感覺羞愧，這是我們從出生到長大在漫長的社會化過程中養成的內心反應。因此特定社會都會產生規範，讓人不約而同的遵守，而瞭解它們對文化研究當然非常重要。最後一個特徵是我們對所分析的行動者自己的力量的認

知，我們認為個體都會知道他的力量的極限。當然人有時候會誤
認自己，項羽之所以被逼到走烏江自刎而死，就是因為他高估自
己的戰鬥力，太看不起劉邦所致。對行動者能力的自我評估這部
分也要去瞭解。結合這四個特徵就是理解一個人的一舉一動的極
致。

　　最後一個名詞是指瞭解了行動者的特徵後，我們要「詮釋」，
要發表出來。詮釋有兩個重點，也就是必須描寫兩個東西：行動
者的文化脈絡，還有他的心境。脈絡跟心境的描寫其實也包含我
們上述的四個特徵，只有這樣的描寫，才能使讀者將心比心瞭解
描寫對象當時脈絡下的心境。譬如說，對受困幾個月的將領來說，
他殺掉他的兒子，烹煮兒子給士兵吃，當然是不人道。但是知道
了這個人在當時情況下必須這樣做的心情，我們可以瞭解他的做
法。由此可見，一般人詮釋他人的行動，要透過對文化脈絡與心
境的理解，這其實跟讀小說而懂得小說真諦有異曲同工的地方。
所以有人主張，現在文學和社會科學的詮釋界線已經越來越不明
顯。

四、文化分析：「理念型」與「厚描」

　　為了獲得瞭解型知識，現代社會科學常用的方法，也就是文
化分析的方法有兩種：韋伯（Max Weber）的理念型和紀爾茲
（Clifford Geertz）的「厚描」（thick description）方法。韋伯的理
念型（ideal type）方法，跟理性選擇學者的預設一模一樣；他們都
認為所有行動者都是理性的，都在追求利益的最大化，或者追求
行動風險的最小化。韋伯認為預設人是理性的，那麼我們很容易
推知在一定狀況下他應該採取何種行動對他最有利。可是在理性

告訴我們他應該選 X 行動結果他卻沒有這樣做，反而選了 Y 行動，這種違背理性的做法韋伯認為才真正是解釋歷史、文化事件的起點。因為當一個人碰壁了，表現出不理性的行動後果，這一後果對照我們預設同一個人理性選擇行動結果的差異，正可以突顯事件中那個人面臨的脈絡以及他不理性的反應，就是導致事件演變出人意料之外的原因。再重複一遍，不理性行動的結果和理性行動推知結果的差異點就是歷史事件演變的重要原因，這是韋伯理念型方法的精髓。同時韋伯對於他的方法的正確程度有兩個標準來檢測，一個就是能夠將心比心，如果你設身處地在歷史人物的處境，也會選擇他不符理性的行動，那麼你就會同意當時處境做為「原因」的重要性。另外一個標準就是通過社會科學所建立的法則（如形容科層組織大小與權力集中程度的「寡頭鐵律」）的檢驗。所以整個來說韋伯的方法論並沒有偏離因果分析，他只是強調社會科學的解釋一定要考慮到行動者的主觀能動性，要不然解釋就會不完全。

　　另一方面，紀爾茲認為人類學者要透過「厚描」的方式，把文化現象飄忽不定的意義固定下來，有四個重點。第一，我們所謂的描寫，基本上就是在詮釋，而詮釋的意義我們剛才已講過。第二，詮釋的對象是社會的論述流程，對社會行動的詮釋就像文學作品一樣要加以評析：行動者留下的隻字片語、他講的話、他的創作，都在表達他作為文化一員的意義；我們分析的對象就是這個意義。第三，厚描的目的就是要拯救行動者論述的涵義，要把那個意義抓回來。

　　最後一個重點是指厚描的功夫是在微觀上進行。因為人類學者所關心的是社會世界的行動者，所以他會深入訪問這些人，探討他們從小到大的經歷。以對小部分的行動者做深入觀察這一角度來看，人類學家分析的對象顯然不是放諸四海而皆準的巨大社

會現象。他用微觀的角度來觀察，這一點韋伯也有相同的體會。韋伯被稱為「方法論上的個人主義者」不是沒有原因的，他認為像國家那樣複雜的結構，在必要時必須能夠被放入微觀的層次下研究。所以這韋伯與紀爾茲兩位都同意文化的分析主要在個體——微觀的層次上進行。

上面我們也講到因果機制要從行動者有意義、有意識的行為裏面去找；而現在我們又說文化分析要在個體——微觀的層次上，也就是行動者的層次上進行。你們就可以發現不管是因果分析或者是文化分析，它們共享的一點就在認為行動者具有能動性；這也是為什麼我前面一再申述能動性可以做為控制型知識與瞭解型知識結合基礎的原因。在這方面，我推薦 de Certeau 的 *The Practice of Everyday Life* 一書，他這本書分析了很多文化現象，像煮菜、在都市裏散步、或者閱讀，但他一再說明行動者是要透過各式各樣的行動來得到最大利益，這個說法跟經濟學家講「經濟人」是完全一樣的。還有一本新聞傳播科系會比較注意的書，是 Fiske 所寫的《瞭解庶民文化》，他把「行動者追求最大利益」的分析方法擴展到各種通俗文化。比如說分析打電動玩具，他就認為這些行動者非常理性。像這兩本書就是結合了經濟學的因果分析和人類學的文化分析。

這裏我們必須強調一下我們對詮釋的看法。詮釋並不等於解釋，它重在描寫，要再現各式各樣文化現象的意義。好的詮釋是讓社會現象的因果解釋更加週延有力，但它本身不能替代解釋。我這樣看待詮釋，是與人類學者 Sahlins 不同的。他把文化無限上綱，認為所有在地的文化系統都是自主的個體，獨立於社會的經濟層面、政治層面之外。他主張，要真正瞭解世界上各個地方的經濟體制，首先要瞭解它的文化；不懂文化，就不懂政治經濟。他把文化的重要性推到無以復加的地步，但我認為這是不正確

的。我贊成一位研究社會科學的哲學家 Little 的主張。他認為人性
裏面有些信念與志趣，是放諸四海而皆準的，所以我們就算不懂
當地的文化，仍然可能分析當地的經濟而達到解釋的效果。在人
類的世界裏，我們作為一個行動者，一個行動的發起人，我們的
行動是有意義的，不可能有大多數的人在做無法被人理解的事，
所以 Little 所稱的放諸四海而皆準的人性，可做為跨文化詮釋的基
礎。

五、小結

　　最後我們以四點看法來總結今天的演講。首先，人類學所能
提供給政治學者的是強調人類的行為會受人的主觀意識的影響，
所以文化的分析不可能完全不理會個體對社會的看法。第一個結
論就是個體存活在社會環境裏與之互動，如果你不瞭解你研究的
對象怎麼去看社會，你對他的分析不可能完整。這個結論有一但
書，也是我們第二個結論，就是文化分析很重要。但是如果說只
有文化分析最重要，顯然不能取信於人，因為因果分析一樣的重
要。第三，如果把文化分析無限上綱，你會得出一個像寫小說一
樣的研究結果。因為裏面有很多描述的情景，但是無法把事情解
釋清楚。最後的結論是，文化的分析和因果分析儘管有很多地方
不同，但在堅持行動者能動性這一點上是相同的。兩種分析方法
都重視社會現象裏的行動者，差別只在各自的分析是用在能動性
的的那一層次之上：文化的分析比較重視內心世界；因果的分析
則比較重視行動者跟週遭的互動。一個重內在，另一個重外在；
把兩個連在一起，就可以讓我們的研究達到更完美的地步。

參考文獻

Adorno, Theodor (1976) (1962). On the Logic of the Social Sciences, *The Positivist Dispute in German Sociology*, New York: Harper & Row: 105-123.

Alexander, Jeffrey *et al.* eds. (1987). *The Micro-Macro Link*, Berkeley, CA: University of California Press.

Beer, Samuel (1963). Causal Explanation and Imaginative Re-Enactment, *History and Theory* 3 (1): 6-29.

de Certeau, Michel (1984) *The Practice of Everyday Life* . Berkeley: University of California Press.

Feyerabend, Paul (1970) (1965). Consolations for the Specialist, *Criticism and The Growth of Knowledge*, Cambridge, UK: Cambridge University Press: 197-230.

Fiske, John (1991). *Understanding Popular Culture*. Boston, Mass: Unwin Hyman.

Geertz, Clifford J. (1973). *The Interpretation of Cultures*: *Selected Essays.* New York: Basic Books.

----. (1983). *Local Knowledge*: *Further Essays in Interpretive Anthropology.* New York: Basic Books.

Habermas, Jürgen (1971). *Knowledge and Human Interests*. Boston, Mass: Beacon Press.

Homans, George (1983). The Present State of Sociological Theory, *The Sociological Quarterly* 23 (Summer): 285-299.

Kuhn, Thomas (1970) (1965). Logic of Discovery or Psychology of

Research? *Criticism and the Growth of Knowledge*, Cambridge, UK: Cambridge University Press.

Little, Daniel (1991). *Varieties of Social Explanation: An Introduction to the Philosophy of Social Science*, Boulder, Colo: Westview Press: 13-38.

Lyotard, Jean-François (1984)(1979). *The Postmodern Condition: A Report on Knowledge*, Minneapolis, Minn: University of Minnesota Press.

Polkinghorne, Donald (1983). *Methodology for the Human Sciences: Systems of Inquiry*, Albany, NY: State University of New York Press: 16-57.

Popper, Karl (1976) (1962). The Logic of the Social Sciences, *The Positivist Dispute in German Sociology*, New York: Harper & Row: 87-104.

----. (1976) (1970). Reason or Revolution?, *The Positivist Dispute in German Sociology*, New York: Harper & Row: 288-300.

----. (1970) (1965). Normal Science and its Dangers, *Criticism and the Growth of Knowledge*, Cambridge, UK: Cambridge University Press: 51-58.

Sahlins, Marshall (1976). *Culture and Practical Reason,* Chicago, IL: The University of Chicago Press.

Stinchcombe, Arthur (1978). *Theoretical Methods in Social History*, New York: Academic Press.

Weber, Max (1949) (1904). 'Objectivity' in Social Science and Social Policy, *Methodology of the Social Sciences*, New York: The Free Press: 49-85.

經驗性研究方法在政治學
科際整合之運用

黃秀端

東吳大學政治系教授

美國艾摩利大學政治學博士

研究興趣：比較政治、投票行為、國會政治、政治文化、憲政體制

一、行為科學的興起與科際整合

　　政治學研究中科際整合的概念是從整個行為科學的發展開始的，因此和整個行為科學研究方法的發展有很密切的關係。而科學研究當然也不是一九四〇、五〇年代行為科學研究開始蓬勃發展才有，其實是在十九世紀末就開始有人討論實證主義這些觀念，只是在那個時候比較少受人注意，到了一九二〇年代，像芝加哥學派等也開始討論關於科學的方法、科際整合，最後將其發揚光大的是伊斯頓（David Easton）等學者，就是所謂的「行為科學」（behavioral science）開始興起的時候。

　　為什麼政治學界會有行為科學產生呢？首先是對傳統政治學的不滿，他們對於歷史的研究途徑有很多的不滿，對於哲學研究途徑和法制研究途徑也不滿，覺得哲學研究途徑太強調所謂的「應然面」而忽略了「事實面」，因為政治是很動態的東西，光是強調應然面往往無法瞭解事實面的東西。至於法制的研究途徑亦無法瞭解事實的真相，我們常說「徒法不足以自行」，只是有法而沒有執行是沒有用的，這個法可能只是一個形式主義（formalism），無法幫助我們瞭解政治的實際運作，尤其愈是落後或未開發的國家其形式主義可能愈嚴重。換言之，若只是看著那些國家的法律條文，你並沒有辦法真正去瞭解這個國家的政治體制之運作，以台灣為例，大家對於現行的體制有很多不同的解讀，同樣一個憲法條文下，到底有多少種解讀呢？這是法律研究途徑的一個問題，它同樣是非常靜態的。Somit 和 Tenahause（1967）二位學者曾經對傳統政治學做了非常簡潔卻尖銳的批評：「傳統政治學傾向於法制的、描述性的和形式主義的，而且在概念上非常地貧乏，大多

缺乏今日所謂經驗性的資料做佐證」，這便是行為主義當時興起的第一點原因，也就是政治學者當時對於傳統政治學的研究途徑充滿了不滿。

第二次世界大戰之後，國際體系、國際政治秩序產生了巨大的變化，而且當時美國在長崎、廣島投下二顆原子彈造成全世界莫大的震撼，人類在科學的研究已經發展到可製造出原子彈，且產生足以將全人類毀滅的驚人力量。與自然科學相較，社會科學落後很多，因此促使大家想辦法來解決人類社會的戰爭與和平問題。另一方面在當時整個國際政治體系發生了很大的變化，正處於冷戰時期，兩極對立，隨時會有核子戰爭發生的可能，我們怎麼面對這些問題呢？特別是對於學政治的人而言應該要能解決這些問題，可是我們沒有辦法，所以大家才會開始思考自然科學過去二百年發展的比政治科學快速許多，它是不是有什麼值得我們借鏡的地方，這是促使行為科學興起的另外一個理由。

第三個理由是因為二次大戰後很多國家獨立，新興國家的興起如雨後春筍，傳統的研究已無法解決那些國家的問題，包括後來比較政治和各個領域的發展，甚至像是伊斯頓對於政治的定義都是為了能夠解釋開發中國家而修正的。他們認為開發中國家大多是採取殖民母國的憲政體制，但運作起來卻完全是另外一回事，因此以前一些對於國家的定義、法律等等並不足以瞭解政治之運作，所以從比較動態之面向，甚至有一些非正式組織的部分或其他部分來瞭解這些國家的政治。面對這麼多新興的國家，而傳統政治學只研究西歐國家和美國，其研究的定義與範圍並無法涵蓋新興國家，因此非改變不可，這其實牽扯到整個政治學界的反省。

第四點則與科際整合的研究有關，以往學者只求專業，各自待在自己所屬的領域，往往見樹不見林。因為二次大戰的關係，

為解決戰爭及和平的問題，促使很多不同領域的學者有機會聚在一起研究，因此大家意識到科技的整合是非常重要的。這就是為什麼經驗政治要強調科際整合的發展。

第五點是自然科學之發展有許多值得借鏡之處，此與第一點有關。自然科學的研究方法較為精確，是社會科學或政治學所無法相比的，若能採用科學的研究方法或許能將政治學的研究往前推進。

有別於傳統政治學的調國家與制度，行為科學著重於對「人」的研究，對個體的研究。任何典章制度都是人類行為的結果。人的行為的研究是有很多面向的，要瞭解人的行為須瞭解其行為的各個面向，一個人除了有政治行為外，可能還有文化的面向、經濟的面向、心理的面向等，所以要瞭解不同的行為必須要從各個不同的層面來瞭解，這也造就了不同科際間的整合，例如：投票行為的研究等等都是在談這方面的科際整合。基本上很多理論都是從不同學門的角度來看的，這也就是行為科學的整合，此類的理論是比較強調微觀（Micro）面，有別於傳統的巨觀（Macro）面。因為傳統是以國家、法律為主體研究，而行為主義則以人的行為做為研究主體。

另一個重點是強調「科學的方法」。科學的方法基本上是從自然科學而來的，其目的是希望建立解釋人類政治行為的一個普遍性的現象。換言之，行為科學和以前傳統的方法不一樣的地方是希望能夠建立一個普遍性的理論，來解釋政治現象或政治行為。如何建立普遍性的理論呢？要發展一個理論，一定是先有問題，問為什麼，然後再來尋找答案，建立因果關係。從自然科學的角度是為了想發掘什麼是造成這個現象的原因，那就要知道因果關係，這因果關係要如何建立變得非常重要。怎麼樣建立一個有因果關係的普遍性理論，就牽涉到了我後面要講的實驗設計

（Experimental design）或是調查訪問（survey research）的部分。在傳統的政治學裏並沒有要建立因果關係，因為它就是研究國家、法律或歷史的，而行為科學最重要的層面是科際整合和借用其他科學的方法到政治學研究，那我就是遵循這二個主軸來討論。

伊斯頓（1967）在《行為主義的現代意義》（The Current Meaning of 'Behavioralism'）文中談到八點有關行為科學的特徵，其中一點強調規則性，認為自然現象可以掌握規則，政治學或行為科學也可以掌握到一些人的行為的規則。既然經濟學、心理學都是社會科學，它們都可以找到一些行為的規則，為何政治學不能呢?這當然跟建立普遍性的理論有關係，既然是要用科學方法，就要進行一些驗證，就需要有一些方法和技術。伊斯頓認為「技術」是一直在改變的，包括自然科學也一樣，自然科學的很多技術也都是逐漸在改進的，也許現在我們沒有辦法做到，未來技術改進後就可以做到，就像以前放大鏡未發明前，科學家做研究時只能研究那些肉眼看得到的東西，之後有了放大鏡甚至是顯微鏡後，可以看到以前無法看到的細胞、病毒等東西，技術愈進步後可以研究、驗證的東西就愈多，可以用來支持你的理論或推翻別人的理論。而政治學其實也一直在發展，我們現在看早期行為科學的研究會覺得以前用的方法很簡單、很粗糙，但到了現在就愈來愈精緻，所以技術是可以改變的。

除此之外，行為主義也談量化、價值。「價值」談的是價值中立，其主要是強調雖然我們每個人本身都有自己的價值，都有屬於自己的想法和立場，但是行為主義希望將個人的偏好和立場能夠跟研究的嚴謹過程分開。科學的過程強調嚴謹，與個人的偏好是分開的。當然每個人都有偏好，今天我們會選擇某個研究主題就是因為我們對此主題有興趣，其實就是個人偏好所致，這是無可否認的。但行為科學強調的是研究的「過程」中須嚴謹，須有

系統化，不可以偏概全。另外，在伊斯頓的行為科學的特徵中亦提到整合不同的領域間的研究，所以研究方法的強調跟科際的整合一直是行為科學發展以來所強調的面向。

二、政治學經驗性研究方法大多數借用自不同之學門

　　再來我把重點放在「方法」方面：科學方法的研究只能夠驗證經驗性的東西，但所有經驗性的方法其實大多是來自於不同的學門，剛剛說我們的目的是要建立因果關係、建立一套理論，能夠解釋政治現象的一個普遍性的理論，實驗設計和後來的調查訪問，二者都可用來建立因果關係，但二者著重點不太一樣。實驗設計主要是受到心理學和教育學之影響，尤其是心理學方面，常常在做白老鼠實驗，做完白老鼠實驗後再轉移到對人的研究；把白老鼠隨機分配分為二組，一組為控制組，另一組為實驗組，實驗組是受到自變數的刺激，而控制組則無。譬如要研究吸二手菸到底會不會致癌，先以白老鼠做實驗，將控制組老鼠放置於自然無害的環境，實驗組則使其吸入二手菸，過一段時間後再觀察二組結果的差異，看是否實驗組在吸入二手菸後對身體是否有傷害，而控制組是否仍健康，此即實驗設計。教育方面常用來驗證新教材是否有效，將學生分為二組，實驗組為使用新教材，而控制組則使用舊教材，待一段時間後觀察新教材對學生的學習成果有無影響。

（一）實驗設計

　　我們將實驗設計的方法運用在政治學方面，以利建立政治的

因果關係，所以現在看到的社會科學的研究方法的書，一定都會
談到研究設計或實驗設計之類的東西，因為實驗設計的目的就是
要建立理論上的因果關係。因果關係怎麼建立呢？因果關係的建
立須有三個條件：(1)變數之間一定有關係；(2)時間一定是「因」
在前，「果」在後；(3)一定要控制會影響自變數及依變數的外來變
數，因為兩個變數有關係不見得就有因果關係。舉例來說，天氣
熱時蚊子很多，冰淇淋銷售量也多。但蚊子多和冰淇淋銷售量之
間有因果關係嗎？從實際數據來看，確實蚊子多時冰淇淋銷售量
也多，蚊子少時冰淇淋銷售量少，但事實上全是因為天氣熱的關
係，而非蚊子與冰淇淋間有因果關係，所以當我們控制了天氣因
素後，結果就會顯示蚊子和冰淇淋間沒有關係，兩者之間的關係
是虛假的。美國常研究種族和投票率的關係，他們發現黑人投票
率比白人來的低，但控制教育變數後兩者之間的關係就消失了，
也就是說同是高教育程度的黑人和白人的投票率都高，同是低教
育程度的黑人和白人的投票率都低，那為何黑人的投票率低於白
人呢？那是因為普遍而言黑人的教育程度較白人來的低，所以才
造成這個結果。但控制了教育變數後，便發覺二者間的關係消失
了。

　　所以實驗設計的目的就是怎麼解決虛假的關係，怎麼去控制
變數。我們今天說這兩個變數有關係的時候，有可能是其他變數
的影響，如果控制了其他的變數後仍有關係的話，就表示兩者的
關係是真正的關係，如果沒有關係的話，那麼他們的關係可能就
是虛假的，所以因果關係的建立必須做到以上三點。究竟實驗設
計怎麼解決因果關係的問題呢？第一是透過兩組間的比較，透過
兩組間的比較可以解答自變數與依變數之間是否有關係；第二是
「因在前，果在後」：實驗設計中自變數已經確立為「因」，因為
發生的時間順序已由我們所操控；再來是要如何控制外來的變

數，這有二種方式，其中之一是「配對」，另一種是「隨機分配」。
利用配對的方式的問題是到底要根據多少標準來配對是很難決定
的；所以一般學者喜歡用隨機分配（random assignment）的方式，
隨機的意思是將樣本分成二組相等數量的群體，將那一位受訪者
分派到某一組是完全隨機的。一個好的隨機分配應該可以得到基
本上相類似的兩組或更多組，其他可以影響這兩組的外來變數都
可以透過隨機分配來把這些變數抵銷。在很多研究方法的書裏面
談到可能影響到自變數與依變數的任何變數都可以控制，包括了
所謂的歷史因素，亦即自變數和依變數之間發生過的歷史事件都
可以被控制；受試者的成熟程度也可以被控制——透過隨機分
配，在隨機分配中假設兩組都是相等的，會影響控制組的也會影
響實驗組，所以到最後在整個過程中被抵銷，剩下的差異就是自
變數的影響。實驗設計主要是透過這樣的理論來做的。過去就有
很多這樣的例子，其實在行為科學發展前就有人在做研究，只是
當時做得很少，像 Harold Gosnell 在一九二七年曾經在芝加哥做了
投票動員的研究[1]。他將城市中的人口隨機分為二組，一組是有寫
信催票提醒去註冊登記，另一組沒有，最後去看哪一組去登記或
投票的比例有沒有比較高，這是很簡單的實驗。在二次大戰的時
候，有一個實驗，就是檢驗戰爭的文宣對老百姓是否有影響：把
這些人分為四組，有二組是有做前測的，另外二組是沒有做前測
的，然後去做比較，看看文宣會不會影響老百姓的態度（Hovland,
Lumsdaine, & Sheffield, 1949）。後來在一九五六年 Samuel
Eldersveld（1956）做了另外一個 Experiment，他用了好幾個處理
方式（treatment），來瞭解動員（mobilization）對投票的影響，其
中包括幾個變數：有的接到電話，有的接到信件，有的是登門拜

---

[1] 參看 Stephen L. Wasby 之 *Political Science- The Discipline and Its Dimensions: An Introduction*. New York: Charles Scribner's Sons, 1970 的第六章。

訪，最後來看不同的 treatment 會有什麼不同的影響。這是比較早期的一些做法。

(二)調查訪問（survey research）

到了五十年代，政治學領域裏實驗設計反而做得比較少，做比較多的是調查訪問，到今天為止調查訪問也還很發達，台灣現在也有很多調查訪問之研究。不過台灣今天雖然做了很多調查研究，但是在市場上卻呈現一片亂象，誰都可以做民意調查。然而事實上像電視台的尼爾森調查之類的民調是有問題的，而電視台卻將這些數據當聖旨一樣，某一電視台以 3.8% 之收視率打敗另外一電台 3.7% 卻大肆宣傳。事實上，收視率 3.7% 或 3.8% 的差別是在統計誤差範圍內，可是在台灣這些統計數字常常被濫用，其實調查訪問是非常專業的。

在五十年代之後一直到現在，其實很多調查訪問，包括在政治學的領域有很多研究都是用調查訪問的，因為實驗設計被批評為樣本沒有代表性，調查訪問是用抽樣的方式來使其研究具有代表性。調查訪問的抽樣理論主要是來自統計學的機率理論，所以其實這一整套都是從其他學門來的，因為政治學本來沒有這些東西，其他學門早期就開始用調查訪問的方式來研究，像英國在一八三○年代就開始採用調查訪問方式來研究勞工。社會學、經濟學等亦常用此方式做研究，商業調查也常用調查訪問，訪問的結果通常以統計來解釋，政治學在這方面的發展事實上都遠落後於這些學科。

早在一九四○、五○年代芝加哥大學就開始使用調查訪問，芝加哥大學中的芝加哥學派是比較早開始用調查訪問的，但是被發揚光大其實是密西根學派。早期政治行為的研究常常將調查訪問運用在投票行為，一直到現在投票行為都是一個很重要的領

域，利用這些調查訪問、統計分析希望能建立一個解釋投票行為的普遍性因果關係。當然最有名的是 Campbell, Converse, Miller, and Stokes（1960）所寫《美國選民》（*The American Voter*）一書，書中提到所謂的「漏斗狀因果模型」，該模型結合了很多不同理論的解釋，從經濟學、人口學、心理學等層面去解釋投票行為，因為人的行為受到很多方面的影響，不局限於政治層面，所以投票行為本身即為科技的整合研究。以漏斗狀模型來解釋，口徑大的一方即長期影響的因素，例如社會背景、人口學變項部分，還有另一個很重要變數是政黨認同，政黨認同有人認為是介於長期和短期之間的因素，剛開始人們覺得政黨認同是長期的，但後來有人認為不見得是這麼長期的。社會背景等因素是來自社會學的研究，用社會學角度來解釋投票行為，政黨認同則是比較屬於社會心理學方面的。再來就是愈靠近選舉的時候會有短期的因素，像議題、競選的活動、候選人、親朋好友間的討論……等這些都可能影響到選民的投票行為，到最後投票，這就是所謂的「漏斗狀因果模型」。最後他們得到的結論是影響選民投票行為的三大因素為，一個是政黨認同，一個是議題，另外一個是候選人。選舉的議題當然跟傳統的政治學民主理論有關係，因為我們過去常認為投票是根據候選人的政見等訴求來做決定的。但是他們所談之議題包含很廣，不見得只是政治議題，像是經濟議題等都很重要。這幾年來在歐美投票行為研究都發現經濟議題是最重要的，常常是影響投票行為的主要因素，但台灣還是認同因素影響力較大，掩蓋了經濟的因素。在歐美因為沒有認同的問題，所以在議題方面經濟的因素是很重要的。由此可見，投票行為理論其實就結合了很多的面向，所用的方法本身又是從其他學門借來的，所以它本身就是一個結合不同學門的科際整合。

　　後來政治學領域很多的研究，像對政黨的認同、有關於現代

化的態度、對政治體系的支持，或其他很多包含民主的態度和政治態度的研究，都是用調查訪問的研究方法，現在還有很多對於政策的看法、對兩岸關係的看法等等，都是用這種調查訪問的。

　　調查訪問運用的非常多，國科會目前推動的台灣選舉與民主化調查，其實也是希望能夠有一個常態性的調查訪問研究，並秉持「過程公開、結果共享」之原則，讓學術界每位學者都能使用這些資料，甚至個人有一些構想或議題也可以申請加掛，所以台灣這幾年有不少運用這種調查訪問的研究論文出版。但要用調查訪問還是要看你研究的議題是什麼，當然不是每一種研究主題都適合用這種方法，應該是先有研究的主題，再決定要用什麼方法來解決這個問題。也就是說你先要有問題意識，再回答這樣的問題要用什麼樣的方法來解決它，而不是先有方法再去想要定什麼題目。不是所有的研究都適合用調查訪問的方法，有些適合有些不適合，這也是一些行為科學研究後來被後行為主義學者批評的原因。有些人就是只會用這個方法，不管什麼問題都用這個方法，或是先有了方法再去找題目，這其實是本末倒置的。正規的研究方法是先有一個我們想要研究的主題、問題意識，再找出這個問題意識該用什麼方法比較適合。所以伊斯頓（1969）表示：「實質要重於方法」。他所謂的實質就是我們對實質的議題、實質的關懷是很重要的，不能只是為了用調查訪問的方法才去用它，其實有很多也許不能用這個方法來做的議題，可是還是很重要，也是需要被關心的，不能說我沒辦法用這方法解決就不去關心，所以「實質要重於方法」才被提出來，因此後行為主義對行為主義有一些矯正，但並沒有全盤推翻行為主義。

　　進行民意調查時要抽取很多樣本，來代表整個母體，所謂母體就是所要研究對象的總合。假如研究台北市選民的投票行為，那麼母體就是台北市有投票權的選民。民意調查很重要的一環就

是抽樣，抽樣是基於機率理論，也就是每一位選民有同樣被抽中的機會。若是像電視節目那種打電話投票的，其調查偏誤會很高，因為通常是那些比較偏激的民眾才會打電話，有些人只是看節目但不會打電話或根本沒看那個節目，所以調查的母體並非所欲調查的全體母體，所以這種調查結果是不可信的。當我們在看別人的調查結果時，須看看它是否為機率抽樣，像電視台收視率的尼爾森調查，是不是抽樣調查實在令人存疑。因為尼爾森是裝一台機器在你家裏，當收視戶轉台時就會將訊息傳給尼爾森公司統計，但並非所有人都願意讓他在電視內裝機，裝機動作是否經過機率抽樣並不清楚，僅在幾戶人家裝了機器，就以這幾戶的統計數推論全部收視戶，會產生很大的偏誤。即使在裝機時是有經過機率抽樣的，那麼樣本結果也應通過檢驗，檢驗其是否反映母體，但收視調查是不會做這個步驟的，他們沒有負社會責任的想法。可是我們從事一個嚴謹的、科學的研究，就必須要檢驗樣本是否具有代表性、能不能反映母體。有經驗的人看那些調查結果就可以判斷出哪些結果到底可不可取，有些時候看它的百分比，如果有嚴重偏差的話，就要去檢查訪問過程是否經過一套嚴謹的程序，因為行為科學一直強調科學研究，其實就是要把科學的嚴謹精神帶來社會學科，社會學科以前都是隨隨便便的；把科學的精神帶來我們政治學，使其成為一門科學，就是希望其研究結果更準確。

　　其實機率很簡單，就有點像抽籤一樣，只是要抽的對象必須全部都在，且每一個體都有同樣被抽中之機率。其實就是因為母體太大才要做抽樣，很多大型調查是以多階段抽樣的，在台灣如果要做全國性調查時，通常都會先抽鄉鎮，再抽村里……這樣一層一層的去做抽樣，不過會根據人口數的比例去抽，到最後整個都是符合人口的比例。像國科會台灣選舉與民主化調查所做全國

性的研究，都是經過嚴格的機率抽樣，且以多階段方式抽樣，並且符合整個人口的比例（黃秀端，2005）。如果沒有辦法證明調查的對象是否能代表母體，不管樣本有多大結果都是有問題的。當然機率是有誤差的，但科學化的抽樣可以估計誤差是多少百分比，所以當誤差在 3%時，收視 3.5%和 3.7%在比較時，因為在誤差範圍內，所以其比率差異沒有什麼意義。在選舉期間，兩位候選人支持率分別為 49%及 51%，當然 51%那個勝算比較大，但它仍在誤差範圍內，所以選舉結果還是有可能與調查結果不同，因為牽涉到了抽樣的問題，抽樣會有誤差的問題，除非樣本非常大，但樣本大成本也會提高，每降一個百分比的誤差要增加四倍的樣本，所以成本非常高，通常都是選擇抽一千多份，誤差在 3%左右。

在問卷的設計方面也是要注意的。只要在題目與用詞用字上更動，可能會對受訪者產生誤導性，造成調查結果的不同。當然嚴謹的科學研究希望保持中立，但是有些媒體、政黨，或是政府單位，早已預設立場而在問題設計時會有些誤導性。說老實話，如果真的有預設立場的話，只要在問卷題目上動手腳，就可能將答案導引至所預期的結果，所以我們在看研究調查結果要十分小心，一定要看到問卷題目，並且瞭解樣本是什麼，通常很聳動的言詞，甚至包括題目的順序，都可能影響問卷的結果。

而訪問的部分，則可分為面訪、電訪以及郵寄問卷等三種方式。(1)面訪：可做較深入的研究，因為可以問的比較詳細，題目可以設計的較多，通常以到家訪問的方式進行。但其中也有些問題：例如做科學研究一定要訪問被抽到的那個人，家中其他人都不可以代替被抽中者。遇到政治的問題，男性通常會比女性有興趣回答，如果沒有依照規定訪問被抽到的那個人，而讓有興趣者回答就會造成偏差。為了讓樣本有代表性，避免出現偏差的結果，若不是訪問到本人，那份問卷就是無效的。(2)電訪：其優點是較

為快速，但不可能問太多題目，因為問題太多可能會被受訪者掛電話。(3)郵寄問卷：其缺點是回收率較低，因此必須設計很多誘因，提高郵寄的回收率，但其成本是最低的。

(三)實驗設計與調查訪問之比較

這幾年來針對媒體曝光率（media exposure）的有很多研究，分析研究媒體有沒有議題設定的效果，或是媒體在選舉時的影響。這些研究通常採取實驗室性的研究。就如同前面提到「實驗」，須將研究對象分為控制組、實驗組，經由特別設計的電視報導或是用剪接過的內容，來觀察實驗對象的反應，如果給不同的報導內容是不是會影響實驗對象產生不同的態度。

「實驗」為什麼還是蠻受青睞呢?因為此種方式對因果關係的證明較強。調查訪問只能看出相關性，當然我們可以透過統計控制其他因素，但是必須一個變數一個變數的控制，然後一個一個放進統計模型，且每個變數都要蒐集資料，但我們總是會漏掉某些因素，或是某些變數找不到資料。而且通常無法解決因果關係的問題，除非是作好幾波的調查訪問：例如固定樣本連續調查，針對同一群受訪者，過一段時間就訪問一次，但花費非常高。

「實驗」是透過兩組的比較，一次把所有的因素都透過兩組之比較而抵銷，確實呈現自變數對依變數的影響，所以不需要花腦筋在思考還有哪些因素會影響結果。因此，純粹就因果關係的建立來說，實驗較調查訪問強，但就代表性來說，調查訪問較強。

(四)質化研究

政治行為科學的發展結果，也有不少人對調查訪問的量化產生質疑，因此開始提倡質化研究。質化研究也是一種經驗性的研究，但是質化研究並不強調樣本的代表性與假設的測試。就思考

角度而言，質化強調站在被研究者的角度來看問題，而不強調客觀或價值中立（Silverman, 2000）。

■焦點團體

很多政治學的質化研究也受到許多其他學科的影響，像焦點團體（focus group）。找很多團體，每一組大約六到十人，透過團體的互動刺激大家的想法，希望產生更多元的觀念。

除此之外，政治學家也常都受到社會學的影響，運用焦點團體調查消費者對一些產品的看法。這幾年，女性的研究（胡幼慧，1996；胡幼慧、周雅容，1996）、政治學中政治態度的形成、對正義的看法等等分析也常用焦點團體方式。而又如核四、政黨認同、對於態度如何形成的訪問，或是選舉的策略分析，都可以用焦點訪談的方式進行。

■觀察法

觀察法是從其他領域而來，進而用到政治學的方式中。觀察法早期在人類學、心理學用的很多，人類學家常用參與觀察法到部落長期居住觀察當地居民的生活方式。而心理學的參與觀察是採用實驗室的觀察的方式進行，例如將一群小朋友放在實驗室，觀察小朋友的行為互動。

參與觀察法強調的是用被研究者的角度（go native view paradigm）來看問題。例如研究美國國會的名學者 Richard Fenno（1978）曾經做有關議員在選區行為的觀察，總共斷斷續續花了七年時間，觀察了十八個眾議員對選區的經營方式與風格。此種方式很花時間而且很辛苦，因為不能用攝影器材或錄音方式，要在一切與正常狀況沒有差異的自然場域進行觀察，觀察了一整天後還得回去做紀錄，因此很容易心力交瘁。

國內政治大學劉義周（1992）教授也曾經用參與觀察法觀察候選人的競選活動與行為，不過此種方法必須獲得候選人同意，

且候選人行程很滿，要隨時緊跟其行，但是可以很清楚瞭解整個競選過程，這是其他方式所無法做到的。但一次只能觀察一位候選人，可能必須多位老師合作。

■三角分析法

　　一個研究可能只採取一種分析方法不夠，大家開始整合不同的方法，必須搭配的研究方式，讓問題可以更深入且更具廣度。三角分析法企圖結合不同方法，包括質化與量化的整合來分析。雖然早期質化與量化勢不兩立，但後來慢慢地可以彼此接納。

　　總而言之，行為科學興起之後，採取經驗性的研究方法，並強調科際整合，不僅是在研究的理論上受到不同學科的影響，在方法上也都是受到不同學科之影響。

參考文獻

胡幼慧（1996），《「焦點團體法」於質性研究：理論、方法及本土女性研究實例》，台北：巨流，頁223-237。

胡幼慧、周雅容（1996），《婆婆媽媽經》，臺北：鼎言傳播。

劉義周（1992），〈國民黨責任區輔選活動之參與觀察研究〉，《政大學報》，第64期，頁209-233。

黃秀端（2005），《2002年至2004年「選舉與民主化調查」三年期研究規劃（III）：民國九十三年總統大選民調案（TEDS2004P）》，國科會專題研究計畫結案報告，計畫編號：NSC92-2420-H-031-004。

Campbell, Angus, Philip E. Converse, Warren E. Miller, and Donald E. Stokes (1960). *The American Voter*. Chicago: The University of Chicago Press.

Easton, David (1967). The Current Meaning of Behavioralism. *James Charlesworth ed. Contemporary Political Analysi*s (pp.11-31). New York: Free Press.

Easton, David. (1969). The New Revolution in Political Science. *American Political Science Review* 63, December: 1051.

Fenno, Richard (1978). *Home Style: House Members in Their Districts.* Boston: Little, Brown.

Silverman, David (2000). *Doing Qualitative Research: A Practical Handbook.* London: Sage.

Somit, Albert and Joseph Tanenhaus (1967). *The Development of American Political Science: From Burgess to Behavioralism.* Boston: Allyn and Bacon. New York: Irvington.

政治學與資訊科技的整合

廖達琪

中山大學政治所教授

美國密西根大學政治學博士

研究興趣：比較政治理論、地方政府與政治、組織與決策理論、
　　　　　比較議會政治

一、資訊與政治

　　「資訊科技」（information technology）是近代的產物，是近四、五十年的發展。所以講到政治與科技，相對的比較有限，因為它是比較近代的東西。可是政治跟資訊的關係呢？政治是人類最古老的學問之一，兩千年前就有。政治學討論的焦點為什麼跟資訊有關？因為資訊聽起來好像很現代，例如：安東尼・當斯（Anthony Downs）的《民主的經濟理論》（*An Economic Theory of Democracy*）一書中裏面曾提到資訊；選民投不投票？政黨如何競爭？其實都牽涉到資訊的有無，包括台灣的罷免運動能否成功，都牽涉有沒有資訊，足夠資訊證明對方有沒有問題，所以資訊其實無所不在。安東尼・當斯在書中特別提到，選民的投票抉擇前提條件就是有沒有足夠資訊：當資訊明確時，你會怎麼投票？當不明確時，資訊不足的情況不明確時，你會怎麼投票？所以資訊跟現在的民主政治是絕對綁在一起的。正因為有訊息，才好做決策。這跟民主社會有關，即便不是民主社會，一樣需要資訊做決策。我的博士論文，就是探討「資訊蒐集」。資訊本身扮演非常重要角色，任何領域都有。在政治方面，民主跟資訊有關，非民主也有關。舉個例子來說，飛利浦・康什斯（Philip E. Converse）非常有名的一本書，《美國選民》（*The American Voter*），是密西根學派的經典之作，研究社會心理學，研究選民如何投票，提出政黨認同，代表一個思想學派。飛利浦・康什斯寫過一篇非常有趣的文章，他一直思考，為什麼集權、專制、非民主政體，一定要掌控資訊？民主政體是鼓勵一定要有資訊，沒有資訊很難做選擇。國民黨早期也對資訊做控制，比方說時代雜誌寄來，如果封面是

中國大陸共匪頭子的相片，就蓋一個「匪」或撕掉，這就是「資訊控制」。資訊控制在目前中國大陸還是做的非常嚴格，即使網路系統或是電子郵件是這樣的無遠弗屆，中共還是可以掌控資訊。因此，用資訊的角度來區分政體，控制資訊嚴格與否都可以區分這些政體之間的差別。這是資訊跟政治重要的連結。

　　以下再舉兩個例子證明資訊的無所不在：在紀爾茲（Clifford Geertz）的《文化的詮釋》（*Interpretation of Culture*）一書中說明，政治只是社會的一環。「文化人類學」透過田野調查，比較不同的社會，探求人為什麼會有這樣的行為？比方說在教室裏面，大家坐的這麼規矩，這麼安靜，大概是下午兩點大家想睡覺的關係。同樣一個情形，比方說美國，那個教室場合就比較不會這麼安靜，那是因為行為不一樣。什麼原因造成我們的行為不一樣呢？因為人是吃資訊長大的，不是吃食物，我們吃資訊，而我們情報資訊從哪裏來？我們文化告訴我們在這個教室裏面要乖乖的坐好。所以紀爾茲說我們身體功能與真正行為，中間有個鴻溝，鴻溝中填滿資訊，資訊的背後是從文化而來的。文化人類學從研究人上面，發現人的行動舉止背後，其實是在腦裏的計畫、軟體，給予如何行動的資訊。資訊對文化人類學者來說，是文化裏面給你的言行舉止一些密碼（secret code），一些神秘密碼。物理學家惠勒（John Wheeler），是費曼在普林斯頓大學念博士時的導師，後來也拿到諾貝爾獎。他一生研究物理現象，起先研究是在找物體界的之構成核心，比方說丁肇中說的「一切是微粒（Everything is Particles）」，是那個 J 粒子、原子等。他起先的思考是如此，後來他認為所謂的物質世界（material world）構成場（field），「一切是場（Everything is Fields）」。最後他認為，所有物質界的構成其實是「資訊」（information），「萬物是資訊」（Everything is Information）。我一直記得這個故事，也就說資訊在我們的生活裏面超乎想像。而且

人就是一個資訊過程（information process）的一個有機體（organic），不是一個機器，但我們天天在做的就是資訊處理（information processing）。所以我也聽過一個佈道家講，應該要重視資訊。他說為什麼會變成一個信教者？一個基督徒，那是因為他自己是一個電腦專家，一直在做電腦研發，終於有一天覺得說：哇，電腦搞的這麼聰明，我給電腦一個大腦，電腦從中文翻譯過來就是有一個「腦」字。我把這個大腦放在機器裏面，那又是誰把大腦放在我的腦子裏面，讓我能夠思想行動？他的一個結論是：成為一位設計師（must be a designer）。所以我們在想人的政治行為等，恐怕都不能忽略資訊處理的部分。所以我才會說，政治與資訊的關係是無窮的。

二、資訊技術的運用

　　資訊科技的發展不過是近四、五十年的事，這四、五十年的資訊科技在政治學上的展現呢？例如：佛光大學政治系每年都會舉辦一場「政治與資訊科技」研討會，已經辦理第六年了。觀察整個論文集會發現，原來討論政治與資訊科技的層面有好幾種，其中現在比較主流的，就是研究資訊科技的研發、以及出現以後對社會的影響，或者說對政府的影響，也就是 E 世代政府「e-government」，或說資訊科技對民主的影響。透過網路可以進行網路投票，在以前並沒有。網路投票究竟帶來什麼影響，都是資訊科技走入社會以後對政治現象、政治上的管理、政治上的行為產生了的衝擊。但是今天我的報告不走這個途徑，而是：「如何運用資訊技術？」。把資訊當成技術，不研究它對我們社會或政治上的衝擊、影響，或是政府管理上的影響，而是在探討如何運用

資訊技術來進行政治學的相關研究。這是在研究上非常好的一個工具。

　　傳統的研究途徑較為靜態，僅限於典章文獻。傳統的制度研究，研究憲政法制。近代政治學研究多從靜態地憲法比較開始，稱為傳統制度途徑。因為傳統制度途徑的靜態，而且只有一些憲法條文典章制度的研究比較，成果相當有限。所以大概在四〇年代、五〇年代行為主義的興起，研究的比較動態，主要研究重點：不能只是看典章制度，而且要看到那個人的行為。行為途徑的興起，大部分都是因為投票行為，進行投票行為研究（ voting behavior ）的動態調查，馬上就被人批評「很化約」。目前選舉研究在台灣也是顯學，我也做過很多的調查。有時候我拿到這些題目，看了以後我會想說：我自己去回答這些問題，回答出來的結果就代表我的想法嗎？然後非常多的統計，非常多的數目，告訴你一些調查研究分析的做法、概念，那是非常化約的。隨便翻翻報紙，就可以看到「化約主義」，無所不在，例如：你支不支持罷免？你對陳水扁…的看法？就問幾個問題，然後得到一個意向，然後拿這個意向去詮釋。有人認為科學一點的方法就是打電話，抽樣的代表性等等，數據顯示罷免的支持度從百分之二十幾、三十幾到現在四十幾了，可是這就可以反應整個政治現實嗎？光是看到民調中四十六％支持罷免案，我們對政治的瞭解，對台灣政情的變化，對未來可能發生的趨勢，得到更多的訊息了嗎？它的情境是沒有辦法還原的，情境是說這個事件去問他的時候，到底現場的互動情形怎麼樣。我今天聽到很多令人駭異的內幕消息，發現我們這些在外面做數據分析的人，有點太象牙塔了。因為台灣現在面臨的這個局勢裏面背後的故事，遠比我們看民調的故事豐厚。

　　現在提倡民族誌途徑，不要做過度計量，不要做調查的研究途徑。我們最好是做田野調查，像是人類學家一樣走到田野裏面

去觀察、去瞭解，做參與式的觀察。這裏又有一個研究途徑的主觀，而且系統性的蒐集資料非常困難，所以這種研究重視情境。

如果你們看過紀爾茲（Geertz）的《文化的詮釋》中有關印尼巴里島鬥雞的行為，怎麼樣反映權力關係。他把情境都加以還原，以一個在場的情境去描述，並用富厚的解釋（thick interpretation）。但是這樣的做法上也常常會被質疑：這樣夠客觀嗎？例如我今天回去寫一篇台大國發所的田野觀察：「兩個老師非常專注，有的同學打瞌睡。」我做這樣一個描述，然後推論，這個國發所的特質文化。大家會質疑是否方法上有問題？ 應該要長期的，到這邊也許觀察半年，寫個關於國發所的權力結構關係之類的故事。這個是民族學誌的研究途徑，但是它在系統性蒐集資料上有許多客觀指標要求，要怎麼參與觀察？怎麼選定資訊？怎麼給予資訊？但事實上還是難以脫離主觀上的問題，但做學問怎麼可能沒有主觀。

現在常談到的「新制度主義」內容涵括三大類別：「歷史制度途徑」試圖綜合社會學途徑；文化的詮釋；以及理性選擇（rational choice），這三派綜合起來應用是問題重重，包括你要去認識那個節點？這個行為者要怎麼在那個情境下做選擇，去把它找出來都很困難，遑論蒐集資料上怎麼做到系統性。「博奕理論」（game theory）：博奕理論比較是應用途徑，但仍是一個化約的方法。因為它基本上對行為者的假設都非常的單薄，例如：不是一個權力、一個飢渴的權力尋求者、不是利益極大化的行動者，大概只能從這個角度。但是人的面向其實很複雜的，有時候你看看政治人物的活動，最近的罷免案，各方人馬的互動，把這些政治人物簡單的化約成飢渴的權力尋求者，賦予他一點理想都會大為失望。如果撤除權力的尋求、位置的尋求去看他們的話，就看不準了；若把權力、職位的追求一帶進來，就較為準確了。因為政治人物恐

怕已經就是一種飢渴的權力行動者，用理論化約去帶帶看，還是有用的。

　　這幾個研究途徑大概都代表一個切入點，背後都會有龐大的資料來支撐。透過比較充分掌握情境的資訊，然後可以在這個情境中的行動做比較清楚的詮釋，甚至是預測。所以我個人的看法，是各種研究途徑都面臨了系統性蒐集資料的困難，還有情境資料的適當掌握。如何在這樣的情境，用相關的資訊，即使是主觀也罷，能否完整的把資料整理。系統性的整理後，在那種情境下做某種「適度」的還原。我們講「適度」，因為不可能完全還原該情境，但那資料夠豐富、詳實的話，可以對歷史情境，或當時發生行動的情形或狀況，做一個比較清楚的描述或瞭解。這不是途徑的問題，而是我們缺乏良好的工具來幫我們做整理。人雖然是很好的電腦（computer），不能叫計算機，人腦常處理事情、推理事情，但短處是我們記憶很差，過一段時間就會忘記，我們的記憶體容量跟真正的電腦比，是差很多的。電腦的記憶體，放進去資料，除非殺掉，或者被病毒侵襲，否則好好保存，它都會存在。人腦的記憶體就沒有辦法，但是我們的理解分析是超過電腦的。所以藉助我們所創造的電腦：資訊技術（information technology），來與我們這麼好的一個分析能力做互補。

三、資訊技術的界定

　　資訊技術的界定可分為三類：是「資料探勘」（data mining），二是「類神經網絡」，三是「人工智慧」（artificial intelligence）。以資訊技術來講，如果資料探勘做的好，就可以推廣類神經網絡，類神經網絡做的好，就可以做人工智慧。這是一步步來的。資訊

技術可以幫我們做的事情是什麼呢？第一個是大量的儲存資料，與人腦不同，你要它儲存多少資料，它可以想辦法幫你達到。我們可以去設計一個儲存庫幫我們大量儲存，還可以幫我們系統性的整理。資料如果沒有一定的分類、標籤，沒有系統的話，根本沒有用。它是系統性的，你可以馬上知道東西在哪兒，如果你想進一步挖掘東西，它可以幫你系統性整理，最後還幫你智慧型的分析。這是我們今天要講的：政治學怎麼樣跟資訊科技的結合，給各位看一些例子。

首先是資料探勘技術，因為資料探勘技術是基本入門的，我們做的是個別事件的資料整理。單一的事件，可以由自己去認定，如果今天你想要做研究，事件你可以自己去認定，因為資訊專家並不是政治學專家，不知道你要什麼，這就為什麼叫科技整合。像我跟我現在在清華大學的夥伴，利用科技，可以克服距離，做個別事件資訊整理。今天做政治分析，媒體也是不可忽略的部分。媒體雖然有很多問題，像二手資料，我們可先做個別資料的媒體呈現。這個範例是「扁宋會」，這裏就可以考驗我們的記憶了：大家還記得「扁宋會」是什麼時候發生的嗎？二○○五年二月，但是從什麼時候到什麼時候？達成什麼協議？他們具體怎麼談的？完全不記得，但大家知道這件事情，當時在事件發生時，每個時間點，我們抓到媒體評論，但現在你要我講，我也講不清楚了，因為我們的記憶是有限的。但是如果你想要找台灣政治事件發生的過程當中，當初為什麼會發生？談論哪些主題？得到那些結論？當然還包括最後為什麼會破功，這個單一事件，我們利用資料探勘為我們做資料分析。就像現在進行的罷免案，整個民進黨現在團結在陳水扁這邊，只有呂秀蓮不團結。為什麼？什麼時候會變？什麼時候會出現一些關鍵點？比如說：馬英九為什麼不提罷免？是因為李登輝說了什麼話？如何在事隔五年、十年後，討

論台灣第一個在立法院成案的罷免案，與分析它的經過與影響？所以要一套資料探勘的技術，把那些資料詳實的列出來，沒有資料、資訊，你的分析就沒有辦法被信任。

　　怎麼處理有關「扁宋會」的是所有媒體資料？我們稱此為整個事件回顧機制的流程。這牽涉到技術處理部門，透過這個技術，可以把所有報導匯集。我們會跟技術部門共同商討，需要哪一段時間的報導、相關新聞報導。還有關於字詞斷句，透過電腦軟體可以處理，而且還會幫忙判別重量，幫你秤重。哪一些字句是比較重要的？過濾特徵字後要留下來的是關鍵字。因為有些詞彙每個人講起來不太一樣，哪些詞彙是相同的，把他正規化。還有向量詞的輸出：因為有時候有些話會正反兩面講，電腦軟體就幫忙過濾。然後是要界定事件：鑑定新聞議題中哪些事件發生要加以界定，像「扁宋會」到底討論了什麼？主題有哪些？你很難想得起來嗎？但是在討論台灣的政黨變遷，因為很有可能接下來會有一些政黨的重組，這一段歷史要怎麼去回溯？可以透過資料探勘，由軟體、技術幫你找事件。至於建構議題主軸，還是要靠我們跟資訊技術做互動，然後做摘要式的註解。此外，還有事件間的關聯，哪些事件的發生牽連到新的議題，擷取事件中重要的語句，轉以摘要該事件發生的主要內容，由電腦幫忙做摘句。圖一為進行政治新聞回顧的流程圖，而從圖二便呈現「扁宋會」的系統呈現結果。

　　像這些每個時間點上都是議題發展線，在這些時間點，比如說從十二月開始，最早是從十二月十五號到一月十二號。在議題發展呢？比較深的是主軸議題發展，這是週邊議題。只要點進去，就可以看到在這個時間點上的議題是什麼。這只是平面的，所以你看到這好像是一個事件發展的網絡，點進去就可以看到具體的議題內容。它把媒體內容從十二月初就開始塞進去，等到相關議

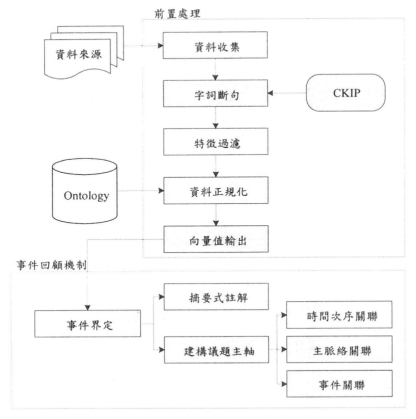

圖一　事件回顧機制之主要流程

資料來源：廖達琪、梁家豪、林福仁，2005/4，〈結合註解之事件回顧系統於
　　　　　政治新聞事件之應用〉。發表於佛光政治系「第五屆政治與資訊科
　　　　　技」研討會。

題出來，經過字詞篩選，跟「扁宋會」有關的，從十二月十五號
一直到二月二十四號，二月二十四號是他們會面，二月二十五號、
二十六號一直到三月多都有相關的議題，但是已經進入比較末流
了。但是整個資訊的進去不是切在十二月十五號，因為前後整個
很長的時間，等到電腦把整個技術篩選出來，比較關鍵的才做這
切點式的時間切點。這些都是我們資訊專家在做的。如果你像這

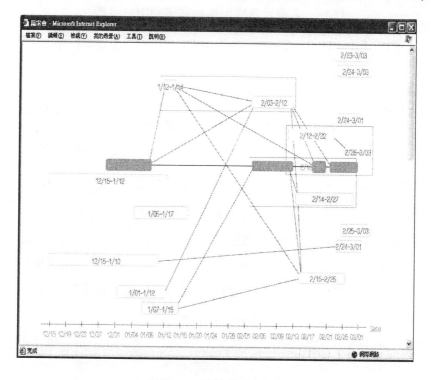

圖二　系統結果呈現圖

資料來源：廖達琪、梁家豪、林福仁，2005/4，〈結合註解之事件回顧系統於
　　　　　政治新聞事件之應用〉。發表於佛光政治系「第五屆政治與資訊科
　　　　　技」研討會。

樣查這些事件，比如說宋楚瑜、立委，這些關鍵詞，你找出時間
點，打入這些關鍵詞，就可以找出他們是怎麼說的。在這個期間，
十二月十五號到一月十二號，這段時間報紙怎麼說的，點進去它
就給你全文。所以只要你有需求，就可以很方便的索引到你要的
資料。下面就是這些關鍵詞在這篇文章中怎麼出來的，先給你一
些摘要。接著我們還要做統計，給大家一個概念，這也是我們要
跟他互動的，在這麼多議題中，哪些是常常被討論的？哪些議題

表一　人事及意識型態相關議題出現篇數

議題	人事	中華民國	台獨、統獨	兩岸和平	兩岸關係	族群
篇數	54	41	53	41	37	23

資料來源：廖達琪、梁家豪、林福仁，2005/4，〈結合註解之事件回顧系統於政治新聞事件之應用〉。發表於佛光政治系「第五屆政治與資訊科技」研討會。

最常出現？比如是「人事」有 50 次；還有中華民國常常被提到有 41 次；還有台獨、統獨 53 次；兩岸和平 41 次；兩岸關係 43 次；族群 23 次。這些就變成重要議題，這些重要議題我們還統計比較常被提出來討論的是篇數（frequency），如**表一**。這裏的「人事」所指的是什麼？人事其實就是要不要讓宋楚瑜做行政院長、位置、權力，可是要怎麼說明就視政治學者的功力。

　　整個扁宋會議題的出現頻率，可以整個呈現。不過，這後面的故事，就要自己去寫了。整個扁宋會後來有十點共識，十點共識裏面完全沒有權力，要怎麼解讀這個事情呢？其實可以研究宋楚瑜的一貫策略。罷免也是用這個方式進行，即使罷免不過，親民黨也願意犧牲所有的席位繼續推動倒閣，但最後結果一定不是這樣，像這次罷免案。

　　法案就比新聞事件複雜，需要有媒體資料、立法院公報，以及要比較各屆的立法院情況。我們的案例是「兩岸人民關係條例」。這是我們設定給電腦的，當然跟所要研究的問題有關，因為機器本身是空白的。比如說我想要知道法案提出人的背景，我們不要人名，但是我們要背景，例如政府官員、產業，都是我們蒐集來的背景資料。然後出來像是一個互動式軟體一樣，第一個議題，它會幫你歸類，比如直航，列出有哪些相關議題、參與者？蘇起、蕭萬長說了什麼？關於這個議題，你就可以點選進去看，

個別人士的立場是什麼？這邊也可以看「兩岸人民關係條例」，每個點上都可以點進去。如果不想看議題，想看時間點，也可以點進去看。所以是一個非常聰明的資料處理軟體，每個圖片上的環節都可以進一步瞭解。「兩岸人民關係條例」在第四、五屆立法院都有修訂，修訂狀況也很特別，議題決定都是在政治學者的層面就要決定的。你可以依據人來點、以事件來點、以時間來點，每個點你只要知道一個訊息，你可以點進來串在一起，所有相關資訊都整理得非常有系統。你想瞭解故事的轉折，議題有沒有跨黨派的，這些都是人際互動，這中間還要跟你的資訊專家溝通，給予更多的輸入（input）。

　　今天如果想要研究的是立法院整體表現，不是單一法案，應如何處理？台大資工系有位同學在二〇〇四年立委選舉時找過我，希望對立法院的表現情形有一個標準來評鑑。因為以往做國會議員的評鑑都是質的東西，首先，先找新聞記者，憑印象打分數那些立委是比較常上媒體的，但很少是針對法案的提出。或者找學者觀察，那時我們召集了二十六個觀察員。因為立委的表現專業不同，怎麼標準化？怎麼評定是否有建設性建議？是否最後成為法案修訂的基礎？到現在為止這個工程還沒完成，因為沒有政治學者的支援，就沒有辦法變的有意義。我的研究是去蒐求立法院第四屆與第五屆的整體表現：我看法案上的討論，因為第四屆與第五屆不同，第四屆是比較一黨獨大的；第五屆是多黨競爭，因為民主政治鼓勵多黨競爭，比較能啟動多元的辯論與思考，才會有理性的可能。那我們就要去找相關資料，這時就需要媒體資料。但要挑選法案，不可能每個都做。資訊技術可不可以幫忙呢？你要訂出你的需求，比如說審查次數，把這些需要的法案的特質挑出來，讓電腦去對比。而且因法案性質去區分，類別屬性不同也會牽涉討論不同，兩屆選出的法案性質是類似的。丟給機器後，

機器幫你篩選有代表性的。為了保險起見，我做了兩套，一套人工判讀，一套機器篩選。挑出第四屆的法案，然後靠資訊系統幫你蒐尋，篩選討論。你可以回頭去看看立法院的原文，去想想看怎麼找關鍵字，人工做不到，但機器用它的方法算，在軟體篩選後變得有意義。第四、五屆各五個，依據類別、特性，機器幫我們挑選，幫我們篩選討論中的重要議題。接下來是發言人的背景，是政府官員的發言次數，點進去會看到劉光華有十五次發言內容，這是政府組織人士、公報、發言人人數、發言人說話次數、公報的相關議題等。然後，還可以叫機器繼續做，比如我們想要看媒體討論跟立法院公報有什麼關聯，這些議題我們可以點進去看，這些都只是整理，還不是智慧型分析。

「類神經網絡」的案例為預測上一屆高雄市市議員選舉結果，因為要做預測，要先蒐集資料給電腦。我們先拿選舉公報，還有性別年齡資料，還有專家訪談，列出候選人特質，列出黨籍，但是不同政黨有不同當選的可能，把候選人資料輸入電腦，包括背景，讓電腦去秤重。類神經網絡試圖將電腦訓練成類似人腦一樣，就像我們現在人腦也在做這事。除了民調資料之外，還是有一些人沒有電話會有誤差，還再加上一些自己的判斷。訓練電腦的方式是以範例分類，訓練、測試還有預測進行，比如說台北市我們有第七屆、第八屆，第七屆當做訓練，第八屆的資料當做測試。若有誤差再來調整，由電腦來學習，第九屆資料進去時就會預測更加準確就像人腦一樣，只是你幫它調整一些參數。使用類神經網絡，結合民調測量法預測準確度平均是六成五。預測誤差值無法批判好壞，但事實上你拿到一大堆資料，說你勾選出來的一定會當選，我不知道準確度是不是真的能到六成五。但以電腦來說，六成五的準確度，以它所得到的資料已經算不錯，但誤差可以再縮小。

　　最後一個不是我的研究主題，是一個目前還在美國而即將要到中山政研所任教老師的研究重心，「ABM 技術」是跟各種生物學、心理學結合，有點像電腦遊戲的方式，在電腦上設定代理人的電腦技術。因為我們在吸收資訊都有偏差，在設定代理人時，通常以本身對台灣的瞭解設定代理人對資訊的吸收，而且我們都有一種習慣，如果經常只看某一種報紙，意見都是偏頗的。但人的吸收資訊有限，你有這些代理人（agent），比如南北差異，北部代理人看 A，南部代理人看 B，經過多少時間之後交換，還是經過長久時間之後，A 的越 A，B 的越 B。但這些規範都要你自己設定，讓代理人在裏面玩，看有沒有機會碰到交換資訊的機會。當你的代理人長久的資訊吸收都是單元的時候，偏見或偏執的狀況，這對台灣有很大的啟示。因為我們常說台灣南北的差異，可能因為教育程度或吸收資訊的方式。但簡單的說，這個模式主要就是在說因為資訊不流通，白者越白，黑者越黑。如果設定不同，資訊就有所不同，不同的遊戲參數設定下來，就會有不同的參數出現。但是研究者要對政治有概念，提出問題外，還要設定很多值，從民調出來的資訊來設定參數，看代理人會做什麼事情。

四、結論

　　資訊技術對政治研究的效用是協助政治分析，建立有系統且可靠的資料庫。因為資料蒐集的量非常可觀，而且進行比較有系統的整理，某種程度還可以還原情境。像是把扁宋會相關資料叫出來，就可知道前前後後有哪些人說了什麼東西，那些資料都在那裏，讓你比較容易掌握住情境，再進一步提供省時省力的內容分析。但資訊技術的限制在，沒有人腦的投入，資訊技術還是沒

有生命、沒有智慧的。

參考文獻

理查‧費曼著，吳程遠譯（2005），《別鬧了費曼先生》，台北：天
　　下文化。

莊澤生（2002），《利用資料探勘技術發掘議題網絡》，國立中山大
　　學資管所碩士論文。

廖達琪、林福仁、梁家豪（2004），〈政黨競爭與民主品質—立法
　　院第四屆及第五屆審議【兩岸人民關係條例】蒐求資訊網絡
　　的比較探討〉，「2004 年中國政治學會年會暨學術研討會」，9
　　月 18-19 日，台南：成功大學。

Converse, Philip E. (1980). *The American Voter.* Chicago: The
　　University of Chicago Press.

Converse, Philip E. (1985). Power and the Monopoly of Information.
　　American Political Science Review, 79(1): 1-9.

Cyert, R. M. & J. G. March (1963). *Behavioral Theory of the Firm.*
　　Englewood Cliffs: Prentice.

Downs, Anthony. (1957). *An Economic Theory of Democracy.* New
　　York: Harper and Row.

Feldman, M. S., and March, J. G. (1981). Information in Organizations
　　as Signal and Symbol. *Administrative Science Quarterly,* 26:
　　171-86.

Feldman, M. S. (1989). *Order Without Design: Information Production
　　and Policy Making, Stanford.* CA: Stanford University Press.

Geertz, C. (1973). *The Interpretation of Culture.* N.Y.: Basic Books.

Heaney, M. T. (2001). *Issue Networks, Information, and Interest-Group Alliances.* University of Chicago.

Heclo, H. (1978). Issue Networks and the Executive Establishment. *American Enterprise Institute.*

Huckfeldt, R., and Sprague, J. (1987). Networks in Context: The Social Flow of Political Information. *American Political Science Review*, 81(4): 1197-216.

Jacobs, M., and Rich, R. F. (1987). Information Selection in The House of Representatives: Organizational Perspectives. Unpublished paper, presented at the 1987 annual meeting of the American Political Science Association.

Krehbiel, Keith. (1991). *Information and Legislative Organization.* Ann Arbor: The University of Michigan Press.

Liao, Da-chi. (1990). *The Influence of Culture on Information Gathering in Organizations: An Authoritarian Paradigm.* Ann Arbor, MI: UMI. Press.

Pfeffer, J. (1980). A Partial Test of the Social Information Processing Model of Job Attitudes. *Human Relations*, 33: 457-476.

Pondy, L. R. (1977). The Other Hand Clapping: An Information-Processing Approach to Organizational Power. In Hammer, T. H., and Bacharach, S. B. (Eds.). *Reward Systems and Power Distribution*, Ithaca, N.Y.: School of Industrial and Labor Relations, Cornell University: 56-91.

Rich, R. F. and Jacobs, M. (1987). Information Selection in The House of Representatives: Organizational Perspectives. Unpublished paper, presented at the 1987 annual meeting of the American Political Science Association.

Simon, H. A. (1956). Rational Choices and the Structure of the Environment. *Psychological Review*, 63: 129-38.

Smith, S. S. (1990). Information Leadership in the Senate. Kornacki, J. (Ed.). *Leading Congress*. Washington: CQ. Press.

資料探勘部分

Chien, L. F. (1999). PAT-tree-based adaptive keyphrase extraction for intelligent Chinese information retrieval. *Information Processing and Management*, 35: 501-521.

Frakes, W. B. & R. Baeza-Yates Eds. (1992). *Information Retrieval: Data Structures and Algorithms*. Prentice Hall, Englewood Cliffs, New Jersey.

Hatzivassilogou, V., Gravano, L. & A. Maganti (2000). An Investigation of Linguistic Features and Clustering Algorithms for Topical Document Clustering. *Proceedings of the 23rd annual international ACM SIGIR conference on Research and development in information retrieval.*

Salton, G. & C. Buckley (1988). Term-weighting Approaches in Automatic Text Retrieval. *Information Processing & Management*, 24(5): 413-523.

Swan, R. & J. Allan (2000). Automatic Generation of Overview Timelines. *Proceedings of the 23rd annual international ACM SIGIR conference on Research and development in information retrieval.*

政治之法律分析

黃錦堂

台灣大學政治學系公共行政組教授

德國杜賓根大學法學博士

研究興趣：環境法、地方自治法、都市計劃法、憲法、行政法

一、前言

　　自從小布希第一次就任美國總統以來，台灣政治學者普遍認為他的治理績效不彰，而且在政治手段選用上不無操弄性，可是美國的民主與法律制度畢竟奈何不了他。在競選連任的激烈過程中，他所採行的選戰策略部分在於激起美國民眾對賓拉登或蓋達組織恐怖攻擊的畏懼心理或同仇敵愾，此外當然還使用其他爭議性的手段，而他最後竟然連任成功。由此可見，像美國這麼民主先進的國家，對政治力的監督、制衡，還是存有一定的問題。事實上，在許多重要政策上，布希總統的決定常與西方主要國家不同，除了揮軍進入伊拉克之外，另外一個案例為拒絕簽署溫室氣體減量控制的「京都議定書」。

　　把美國情形對照到台灣，我們發現有一定的相似性。例如，在二○○五年的「三合一選舉」（縣市長、縣市議員、鄉鎮市長），台中市的綠營候選人陣營把對手的病歷資料公布出來，這是一個應受嚴格批判的競選手法。而在遭到社會各界嚴詞指責時，當事人則簡單推說，那些資料並不是我們公布的，或是說，那並不是一個刻意安排的爆料記者會，而是擦槍走火等。再如，在實際政治演出上，主政者有絕大的議題掌控優勢，於是我們多次看到設定議題而企圖扭轉劣勢的演出。為了克服朝小野大困境，執政者也可謂用盡各種可能手段，甚至不惜前後自相矛盾，例如國家通訊傳播委員會的委員任命方式，民進黨在立法院審查相關法制時係同意簽署政黨協商後的版本，但因為最後立法院具體行使同意權時輸掉太多乃改而提出釋憲，主張委員之推薦、提名與同意權行使的規定違反憲法權力分立原則當中之行政保留事項。

另外一個重要案例，為「三一九槍擊案件真相調查委員會組織條例」。其賦予真調會高度獨立性與各種權力，民進黨竟然自行宣稱系爭法律違憲，並由行政院下令所有部會行使抵抗權。這實在駭人聽聞，蓋抵抗權一般係由人民行使，此例一開，未來若執政者任意援引，將產生難以預估的損害。司法院大法官釋字第五八五號解釋並不能終局而且有效解決爭端，相關說理無視總統掌握行政資源並控制情治與檢調體系的事實。

一般而言，每個國家都有各自的歷史與發展，而每一個進程都不免有政治、經濟、社會、文化之結構性劣勢與優勢。常見的演變，為掌權者濫權而成為國家社會發展的負面因素。為此，乃有各種轉型與調整治理的見解。

那麼，我們該如何處裏政治力可能失控的問題？我們是法治國家，行政部門必須依法行政，檢調機關與人員須依法偵查，法官要依法審判。針對政治力的監督，我們最常想到的手段便是「法律」。

就政治與法律的關係而言，政治理應受到法律的指引、制約，此係憲法權力分立之下行政權的功能定位要求，但在實際上是否可能？一定會成功，還是注定要失敗？

本人認為，單純以法律，難以有效為政治力的意志；法律為整體社會下的一個次體系，必須其他諸多次體系也能夠發揮功能，整體才能產生有效制約。以下，詳細說明。

二、「結構與行動」之分析架構

「結構－行動」常被用於討論深刻的問題，這也是德國社會學與政治學的主要觀察架構。

　　「結構」係指整體社會的結構。由於「整體社會」（Gesamtgesellschaft）一詞太過抽象，所以有必要進一步以其下之諸多次體系當作觀察對象。常見的次體系為：政治、經濟、社會、文化、法制、司法、媒體、學術、文官、科技、宗教、藝術等；端視討論的需要，而得更細緻化。對於這些次體系，有智慧者應該掌握它們的構造特色；為此，我們必須觀察歷史，亦即瞭解它們是經過哪些階段、有如何的對抗勢力與過程才演變發展成為今天的樣子。所以這種觀察方法叫作「歷史－結構」研究法，台大政治學系蕭全政教授是國內這種途徑的主要奠基者。

　　「法治化」係指對這些次體系以法律加以規範，而且係良善規範而產生良性的效果。諸次體系之良善運作，才可以克服國家社會的階段性發展障礙，並構成對政治力的有效監督。反之，若各個次體系因為諸多條件結構限制以致於未能發揮必要功能，則單憑法律作為手段而構思貫徹，誠有困難。事實上，在此種情形之下，法律將不免因為諸多次體系的沉痾羈絆，而難以有效發揮功能，正所謂「徒法不足以自行」。

　　那麼，到現在為止，我們國內各次體系的發展水平為何？在前述三合一選舉之後，國內政治學泰斗朱雲漢教授曾在中國時報發表評論，認為台灣已經渡過最關鍵的民主鞏固時期，蓋執政者在那一次激烈戰役中用盡一切手段以求勝選——包括各種的綁椿或抹黑或動用情治優勢或族群訴求等，但選民卻未受誘惑。言下之意，在那次選舉中，我們公民社會逐漸脫離省籍、統獨的羈絆，超越激情演說、動員與綁椿等障礙，而完全以理性為投票的標準。

　　「結構與行動」分析架構的第二層，為微觀層面，旨在掌握主要行動者的策略行動。為此，我們必須掌握：主要的政治行動者有哪些？例如國民黨、民進黨、親民黨、台灣團結聯盟等，其彼此間的利益衝突或重疊情形如何，各自內部以及彼此間的權力

配置情形，他們的領導人的信念與人格特色，相關的政治議程（尤其重要選舉的期程），而他們又在政經的結構與變遷的考量下採行如何的策略行動，而後續影響又是如何。

　　總之，我們要掌握「政治決定」的結構與行動，才能界定具體政治演出的意涵，並評估後續的影響。這種研究架構，在紀登斯的社會學理論以及在德國的社會學界，都是自明之理。

　　這種研究架構並不排斥實證研究，只是這種架構所需的資料非常龐大。舉例言之，為了瞭解我們的政治次體系的結構，我們必須借用各階段與各地方的各種選舉投票的實證研究發現。本研究架構也完全認同深度訪談，以便理解權力的配置與運作軌跡的細緻部分。本研究架構也同意觀察外國法制，蓋如此才能夠開啟必要的視野，尤其是有關憲政理想、政府體制、政黨理論、選舉制度、檢調制度、釋憲制度等。

　　由於如上諸多次體系的數目未免太多，相關分析資料龐大且細瑣，為求精簡，吾人得置重於其中影響我國最深遠的部分，亦即政治、經濟、社會、文化等次體系，尤其政治次體系。一般而言，開發中國家的決策或政策表現，主要取決與政治次體系。

　　另外一種方法，係將諸多次體系再區分等級，亦即有一些屬於更根本性的結構，而得稱為「深層結構」，亦即台灣整體的人文思潮價值、整體科技之發展水平、整體之山川水文與人口集居等自然條件。本結構更為深層，從而得作為其他一般性結構的基礎；換言之，深層結構的變遷需要時間，但一旦變遷，將會帶動一般結構的改變。國內學者於結構有關的討論時，並未明確建立「一般結構」與「深層結構」的區分，但深層結構的研究畢竟不失啟發性，尤其針對重大或根本性問題的前瞻討論。

　　以上的研究架構，約等同於美國文獻所稱「新制度論」，而且係同時涵蓋其下歷史制度論、文化制度論、社會制度論等分支，

而構成一個整體。我國政治學者也逐漸注意諸次體系之結構與行動之整體觀察[1]。

三、政治的本質

法律規制政治的困難，在於政治的本質。政治決策的本質，或政治人物的心理，為金庸小說筆下領導人物常見的「神魔雙性」。政治菁英掌握資源的權威性配置地位，從光明面而言，他們企圖透過政治決策而經世濟民，冀望禮運大同篇理想的實現；但從黑暗面而言，政治的本質在於奪取或維持政權，亦即鬥倒對手而求得勝出。

既然政治的本質為鬥爭，而且激烈無比，包括黨內之爭與黨際之爭，則為了勝出，主事者不免有「為己」的考量，而忘記「為公」的初衷。

政治人物當然不是全然沒有理想主義，可是政治選舉與鬥爭畢竟十分現實，而且每隔幾年就會到來一次。絕對聖賢的人基本上就根本不會介入政治（即使加入，在黨內就不容易勝出），所以參與實際政治的人，不經意地，很容易就變成「神魔雙性」。當他心懷理想時，宛如神明降臨，百姓同沾利益；但當他混濁的時候，就會使壞作怪，不以天下蒼生為己任。

若政治人物真的就是這個樣子，則我們必須透過制度設計，把他的劣根性控制到最低，而另方面讓他的善行能夠儘量發揮出

---

[1] 例如林繼文，〈憲政設計的選制基礎〉，「從制度變遷看憲政改革：背景、程序與影響」學術研討會，中央研究院法律學研究所籌備處，民國 94 年 9 月 24 日；宋學文，〈從「兩國論」之發展探討我國大陸政策之決策過程：3i 模型的決策分析〉，「展望跨世紀兩岸關係」學術研討會，民國 88 年 10 月 16 日。

來。為使政治人物行善去惡，得有許多手段可供考量，例如經由憲政主義有關的各種制度或各種有關防止買票或貪污的法律，再如經由禮義廉恥的教化等等。

四、台灣當前的政治構造

台灣的政治構造特色：首先為歷經威權體制與威權轉型，然後進入到目前的民主鞏固（初）階段。

(一)現行結構

整體的特色為，憲政主義的理念與價值仍然不夠深入民心，相關的憲法條文與法律乃至慣例的累積不足，政治人物從而有很大的運作空間，甚且似乎「大放厥詞」而「無所忌憚」。我們要知道，在德國，一位部長很可能因為講話嚴重錯誤便必須辭職下台，而我國當事人只要忍受一兩天的風潮，而於有新的媒體議題之後，一切好像不曾發生過！在重大開發案、政治對抗上、選舉過程上，均一再顯示我國的民主與法治深化的脆弱性。

其次，總統擁有無比權力。他可以直接任命行政院長，立法院沒有同意權。總統控制或至少強力影響行政院長與各部會首長人事與政策，甚至包括國營事業的部分，卻不需要承擔什麼政治或法律責任。這些權力或影響力可謂毫無受到限制，蓋我國處於民主鞏固的（初）階段，欠缺必要的典章或慣例或文化涵養。像之前空軍總司令出缺，陳水扁總統圈選了排名第三的候選人，而非第一順位或第二順位者；固然說這是總統的統帥權行使的自由，但軍中的倫理是否從此蕩然？

再如，就廢除或終止「國家統一委員會」的運作而言，固然

因為涉及國家安全大政方針而且又只是處理一個不具法律層次的機關，總統從而享有法律面的決定權，但從兩岸的高度與政治的誠信或政治家的風範而言，有無必要終止運作便非無討論餘地。但我們也發現，我國相關的輿論累積或政治風範，顯然並不深刻。

總統站在輿論的制高點，得創造議題而扭轉劣勢；除非媒體與社會大眾有足夠的監督能力，否則這也是總統的一個優勢。

總統掌握國家安全局的人事、政策與情資；總統也得透過行政院長與法務部長而取得調查局的資料，以及為必要的發號施令。

台灣正處於民主鞏固與法治深化的關鍵期，最需要公正、公平、公開的選舉與政治制度，但總統享有如上的權力或影響力，而各次體系的監督力畢竟不足。我們可以想像，若總統的領導力不佳，或人品有瑕疵，或策略手段具有高度傷害性，則民主與法治的開展便不無暗潮洶湧的可能。

除了總統的部分之外，我國其他的政治構造也應一併關照。我國立法委員總數為二二五席，其中絕大部分採行區域選舉，而且係採中型選區「複數選區單數不可讓渡投票制」（Single Nontransferable Vote, SNTV）。選民只有最愛而沒有次愛，容易選出派系型或有特定支持群眾的立委；立委容易作秀或徇私，而黨團不易控制。但這個制度已經經過修憲而改為一一三席之單一選區兩票制，並將於二〇〇七年十二月實施。立法院的議事並未建立美國式的國會聽證制度；許多事情都是經由黨團協商，但協商制度的合理性非無討論餘地。

執政者在朝小野大的情形下，以及可能出於歷史使命或盤算等，而推出許多高強度的改革方案，例如二次經改、教改、司改、追求卓越、憲改、政府改造等，其中每一方案都涵蓋諸多內容。凡此有助於執政者的聲勢與動能，但決策過程是否周延，決策視野是否不足或衡量有誤，非無討論餘地。執政者並不考慮朝小野

大而推出較小規模的改革或階段性的改革；於改革法案不獲支持時，雙方常訴諸媒體，互相指摘。

中央與地方政府間的關係也有高度的操控性。例如，行政院乃至考試院之下之部會有諸多的預算係相當大部分遭到凍結，而如此重大的施政限制竟然沒有被報章媒體詳為報導評論。我國更因為兩岸的對立以及執政者的諸多施政而耗去絕大部分國內相當部分的版面，而使得各部會的重大政策合宜性討論的版面，嚴重遭到壓縮。

總統大選四年一次，藍綠雙方票數相近從而競爭無比激烈，而且係贏者全拿－勝方在實際上將取得組閣的絕對權力，立法院的權限最多只能「封鎖」，倒閣一般難以實行，倒閣後總統得另行提名閣揆人選，而沒有義務解散國會。

藍綠雙方的政治菁英的問政，很難不受總統大選因素考量的限制。而因為總統大選無比激烈，所以立委選舉、縣市長與縣市議員等的選舉，也都被捲入，而也呈現高度的對抗性與激烈性。

在政治社會面，我國呈現藍綠分裂與南北落差；本省籍的中老年人仍對國民黨的統治過往有所不滿，堅持台灣本土政權與台灣人民族主義。

(二)深層結構

除了以上「結構」之外，就重大的前途發展問題的思考，吾人也得進一步觀察「深層結構」。台灣因地狹人稠與教育水平或甚至儒家文化，人民多能敬業且關心國家社會的發展。人民溫和、勤奮且重視家庭。台灣小島而交通方便且科技資訊流通，乃形成一個快速有效的溝通體。台灣面臨兩岸競爭或亞太乃至世界的經貿競爭，必須建立有效的治理體制與機器，知識分子就此有高度的共識，不容政治部門怠惰。自日據與二次戰後以來的經濟發展，

台灣畢竟取得一定的產業發展與管理以及總體視野上的優勢，並得釋放出來而轉換為經濟與社會成長的動力。兩岸的對峙，整體也形成政治部門必須力求改革及經濟發展的壓力。總之，台灣地狹人稠的深層結構有助於溝通與凝聚，而且有助於創意與傳播，整體容易形成一個反省與督促的體制。

(三)學界的任務與挑戰

若吾人能理解如上政治次體系的構造與深層構造，甚至微觀面掌握政治議程與主要行動者的策略行動，則便能正確詮釋具體政治行動的意義，並提出合宜的政策。

這種研究立場的基本研究素材涵蓋諸多次體系的各歷史時期發展與變動。從而，無可諱言，其本質上為龐大的學問，係終生的學習工程。這種構造立場才是本質的、本土且銜接世界的、有生命力、有開創性的、充滿人生智慧的學問；反之，若研究者不能瞭解台灣各次體系的構造特色，則即使唸再多外國學說或文章如何詳細引述外文，也都是枉然。

現代化的社會呈現細膩專業化、分殊化的現象與發展趨勢，各學科內部不斷自我再生產化，乃至形成學科間對話的障礙性與封閉性，「歷史－結構」的研究途徑強調全面且深刻的理解乃不免十分辛苦。那麼，台灣學術界有沒有能力幫助渡過這個政治轉型？甚至，學術界究竟為助力或阻力，還是根本微不足道？或是說，這樣的研究立場還有前途嗎？

於此首先涉及研究者所應採行的策略或方法。結構-行動的研究者必須善用各主要學科的主要發現，例如我國政治學界曾比較並實證研究，而歸納整理出我國歷經威權體制、威權轉型、民主鞏固階段的發展路徑，為國內各界一致的通說。其他還有許多已經被各方接受的重要命題，例如政治學門的跨國研究顯示，低度

開發或開發中國家政治部門的表現最具影響性；若政治結構與行動良好，則國家社會整體便欣欣向榮。憲政體制的設計須兼顧效能與制衡，端視國家社會的發展而得有稍微的比重推移，以及總統制國家總統的領導力最具關鍵意義等，均提供政治體系觀察的視野。經濟學者或政治經濟學者也一致同意，我國早期經濟發展模式不無偏頗性，環境生態與勞工安全衛生等的保障不周。而就晚近政經社文與科技等次體系結構的變遷而言，國際間以及國內文獻不斷指出現代化、後現代化、資訊暨網絡化、全球化、經貿自由化、大陸為全球製造中心以及吸金效應暨和平崛起、台灣邊陲化等構造。總之，社會學、政治經濟學、比較憲法學、比較行政學等，都能夠提出一些針對主要國家或甚至為跨國研究後的命題，而為「歷史-結構」研究立場者採用。

　　研究立場的前途可能，第二個決定性的因素，在於我國學術體系是否重視，或是否有所迷失。不待吾人詳細研究，向來報章與通說已經指出台灣學術界呈現「重理工、輕人文」、「存有派系」、「外國月亮比較圓」的特色；學術評鑑的機制目前尚難謂完全符合期待，亦即還留有後威權時期以來的餘毒。我國學術資源的配置也不無錯亂，蓋台灣發展又面臨諸多困難或限制，而且我國畢竟屬於學術研究上的相對後進國家，而且國家資源有限，學術從而第一線應關注本土重大議題的研究。換言之，若一個研究案係單純引用西方命題，完全沒有台灣本土政經社文等次體系的關懷，或甚至只是找台灣一個小個案作為實證觀察，則其儘管可能被 TSSCI 期刊所接受，但學術貢獻畢竟不會太大，資源補助從而應受到限制。

五、台灣的政治與法律

　　整體而言，台灣的各個次體系走過從威權體制與威權轉型的階段，不免仍然帶有舊時代所留下的不圓滿性或限制性。這些缺失不只在民主政治層面出現，在污染整治（例如埔里鎮的狗屎問題）、勞工安全衛生、學術研究開展、國家建設合理化、財政效能提升、人文素養增長、社會力開展等各政策領域，也都會表現出來。

　　單有法律作為規範，而沒有政治、經濟、社會、文化、媒體、學術、宗教、教育、司法等各次體系的合理性，則任何領域改革的前途並不會樂觀，對政治力的控制尤然。

　　對於台灣各次體系的現今結構情況的掌握，具有重要意義，值得一再討論。比如說，我國現今法官的素質如何，而資源配置、升遷、考評（誰監督法官）、法院文化等又是如何？相同的問題，也可以針對檢察官、調查局官員提問。我雖然沒有充分的實證數據，而事實上國內相關學界也沒有完成之，但總覺得殘留有許多後威權時代的弊病，而這便得為掌權者切入的關口。我國大法官的由來與養成如何，在解釋憲法時又是採用如何的方法論？--西方法律釋義學固然可採，但若憲法相關條文十分精簡而留下解釋的空間，則台灣的權力分立的實際情形與危機，以及三一九槍擊案的調查報告對台灣的民主與法治發展具有最關鍵性的意義等，都應該成為釋憲者衡量的重點吧！但真調會的釋憲案的解釋文並非如此。

　　我個人專長為行政法，可以進一步舉一些例子。譬如在人事制度方面，公務員的考績與升遷，尤其後者，我國目前由一個「甄

選委員會」來作初評，然後由首長作最後決定。在德國，這個委員會的所有成員係由機關成員們票選產生，但我國大約只有三分之一的成員為票選，其他三分之二是由部長指派或基於職位而為當然委員。由此可知，台灣各部會的科長的甄補，主要還是由部長決定，而部長又聽命於行政院長與總統。在這樣的威權性構造之下，有哪個公務員敢向主管部長表示蘇澳-花蓮高速公路的興建是錯誤的？

　　台灣知識分子或專業階層的自主參與度不足，這是名政論家南方朔先生的關懷所在；惟無論如何，在檢調人員、法官體系、教師教授體系等，逐漸也有若干自主化的演變。

六、展望

　　我在留學德國時，以及現在從有線電視的日本台節目裏，看到德國與日本的河川都十分乾淨，裏面有各種魚類悠游著，不禁想到，到底他們曾經有過什麼樣的歷史過程與轉變，才成為今天的樣子，而這不單只是精密的環保法律所帶來的吧？而台灣現在又是處於黑暗到黎明的漫長過程中的哪一個時點呢？

　　台灣未來的展望如何？前面朱雲漢教授的評論似乎認為，我們已經渡過最艱困、最危險、最可能倒退的選戰。惟究竟已經全然平安渡過，或僅是一時幸運而已，我個人仍不無憂心，而且也憂慮究竟還需要多久才能看到環保或其他政策領域的成就？我認為，台灣正處於民主鞏固的關鍵時期，相關而且最直接的關鍵為總統的領導力以及各政治主體。台灣法治與民主固然一路走來有一定的累積，從而非毫無制約力，但畢竟欠缺深化；整體社會之下其他次體系的構造，亦然；但台灣的深層結構似乎有一定的正

面性助力。台灣究竟要經過如何的時間與過程才可以達到民主與
法治的鞏固深化，或是遭逢亂局而出現倒退，諸次體系扮演關鍵
且微妙的角色，尤其檢調、司法、專門職業、自由業或自主公民。

參考文獻

宋學文（1999），〈從「兩國論」之發展探討我國大陸政策之決策
　　過程：3i 模型的決策分析〉，「展望跨世紀兩岸關係」學術研
　　討會，民國 88 年 10 月 16 日。

林繼文（2005），〈憲政設計的選制基礎〉，「從制度變遷看憲政改
　　革：背景、程序與影響」學術研討會，中央研究院法律學研
　　究所籌備處，民國 94 年 9 月 24 日。

後結構主義論述理論
與政治學研究

林淑芬

東吳大學政治學系副教授

英國艾塞斯大學政治學博士

研究興趣：後結構主義、政治理論、女性主義

一、前言

今天我想跟大家分享對後結構主義論述理論的一些心得，以及後結構主義論述理論如何應用在政治學的研究。「論述」（discourse）這個字眼在日常生活中很常聽見，比如說：在台灣常常會聽到民族主義論述，或者是馬英九在競選國民黨主席時說國民黨需要有新的台灣論述等。

「論述」這個字眼好像變成日常生活的一個詞彙，但到底什麼是「論述」呢？在談到論述之前，我想要先做一個背景的介紹，就是「論述」為什麼會出現在政治學裏面，甚至社會學、心理學、語言學。在台灣的學術研究中，尤其是文化研究、新聞學研究都很常提到論述。

論述理論其實很大的一部分是從六十年代以來人文學科的主要研究方式衍生出來的，比方說對實證主義、行為主義研究方式的反省。第一個部分先談一下語言學的轉向，然後把論述的核心性帶出來，第二個部分再談有關論述的各種研究途徑，以及怎樣去定義論述。

今天主要集中在後結構主義論述理論，但不是要談傅柯（Michel Foucault），而是深受到傅柯影響的，目前在英國的拉克勞（Ernesto Laclau）及慕孚（Chantal Mouffe）的後結構主義論述理論。他們的作品在台灣也有一些翻譯，最早的是九十年代初期的《文化霸權和社會主義戰略》（*Hegemony and Socialist Strategy*）。

二、語言學的轉向與人文學科研究

　　一般在談語言學的轉向，大多指英美的分析哲學或是歐陸的詮釋學，最主要的是海德格（Martin Heidegger）。在語言學轉向之前，語言曾經有很長的一段時間是相當受到重視的。如果念亞里斯多德的政治學就相當的清楚，他問了一個問題：人和動物有什麼不一樣？為什麼「人是政治的動物」？「人是政治的動物」不只是說人是群居的動物，還有人是會使用語言的動物，那是非常重要的與其他動物區分開來的特徵。語言和動物所發出的聲音不一樣，他認為其他動物也會發出聲音，可是這些聲音通常只是在傳達喜怒哀樂，可是人類語言的傳遞最終是有倫理面的意義以及要去追求善的生活。

(一)語言與政治，「生活形式」的關聯

　　在亞里斯多德的重要著作裏面，像政治學（Politics）、倫理學（The Ethics）應該要放在一起來看，我在這裏引用他《論靈魂》（De Anima）裏的一段話：

"Living beings use their tongue for tasting as well as for conversing as they go about their dealings; of these, tasting is a necessary mode of their dealings (hence it is found in most of them), but addressing and discussing something with others"

　　這裏最重要的，出現了"discuss"這個字，不只是說話，還包含了意見的交換，所以人要能夠去關注（address），同時要能跟他者討論。所以亞里斯多德說政治參與是重要的，因為政治參與這

個空間裏面，我們會與他者交流，透過這種表達意見的交換，也可能產生轉化，這是政治生活非常重要的一個面向。轉化的共同體可以朝向善的方向去追求。在亞里斯多德的時期，活著不只是像動物般活著，生命最重要的是生命的形式。在這裏我們可以看得非常清楚政治、倫理，以及語言的關係。

(二)二十世紀語言學的轉向

■維根斯坦

維根斯坦（Ludwig Wittgenstein）在《邏輯哲學論》（*Tractatus Logico-Philosophicus*）中曾說：

> 「所有可以言說的皆可被清楚地言說，而凡是我們無力談論的，我們便應保持緘默。所以只有在語言中可以畫出界線，而在界線另外一邊的並不具意義。」

所有的哲學都可以用語言清楚的描述出來，因為意義只有在語言以及結構中才有可能。可是這樣的說法維根斯坦在後期有了一些調整。維根斯坦不再強調語言工具性或技術性的意義，而把焦點放在語言本身。語言本身並不是沒有界限的，把語言放在整個生活形式的脈絡裏，界限體現了生活形式。維根斯坦晚期的另一本著作《論確定性》（*On Certainty*），他也提到有一些問題是我們問不出來的。在一個語言社群當中，有一些問題是問不出來的，你甚至於覺得有些事情一點也不奇怪，甚至不是一個問題。這些說法，我們可以在海德格的思想中找到回應。

■海德格

海德格在他比較早的作品《存在與時間》（*Being and Time*）裏，談到了「詮釋」的重要性，以及「存有」（Dasein）與「詮釋」（interpretation）的關連。在稍晚的作品中，海德格提到有關語言

的論述：「語言是存有（Being）的居所。人在此居所（home）生活……」這裏的 home 指的是居住的地方，也就是指生命的樣態。並透過他們的話語在語言當中去呈現他們生命中的型式。最後他在《通向語言之路中》（*The Way to Language*）說：「言語的能力區分了人之所以為人……」。

海德格呼應了亞里斯多德所說的，人之所以為人，最重要的是話語、說話的可能性，以及思考和理性言說的可能性。那我們也可以看到整個西方哲學非常重要的，是建立在人是什麼的嚴肅思考上，以及人與非人之間的區別是什麼。這也是有關政治的一個非常本質性的定義。語言的能力是人的本質的問題。從上述可知，整個二十世紀人文學科很多的研究途徑是受到以上許多思潮的影響。

■對於人文科學研究的影響

詮釋學、批判理論、後結構主義，論述分析等理論途徑的引進與運用：包括語言的核心性、理解的問題、語言的產生脈絡、詮釋的問題。

社會科學都強調詮釋，但彼此之間究竟有什麼差異呢？對於語言的重視使得我們關注詮釋與意義的生產脈絡之間的互動，不以提出最終的因果關係為目的，其對於人文研究的影響大致可歸納為以下幾點：

1. 對行為主義、實證主義、理性抉擇等主流研究途徑提出批判。
2. 語言、詮釋重新取得核心的地位。
3. 意義與實踐相互交纏，在主觀詮釋與客觀現實之間，無法做出清楚的區分。
4. 意識型態，亦即本質上具有爭議性的概念（ essentially

contested concepts）。

5.主體與社會行動者。

所以，研究者往往透過主觀詮釋去建構現實，而不是先有一個客觀現實，可透過觀察得出因果關係，或得出本質性的說明。因此，有關意識形態的討論重新獲得重視。我自己的博士論文寫的是從八十年代中期以後台灣民主化發展，從那時我們看到很多關於意識形態終結，自由主義獲勝，但也不是關於價值的問題，民主化就是關於程序的問題，關於什麼是民主好像不再重要了，看到更多是關於民主轉型以及現實主義的理論。

此外，本質上具有爭議性的概念，如民主、自由等開始獲得比較多的重視。但不會從本質中去找到答案，而是會從本質所產生或流通的脈絡去分析，以及這些意義他所產生的可能性條件是什麼，是與哪些意義內涵接合在一起。所以這些概念不是要去找本質，而是要看在某個特定的歷史節點上，跟哪些內容做接合，又有哪些印證的內容，以及彼此之間的關聯。

理性選擇途徑認為主體和行動者會偏向經濟學的模型，從事理性思考或計算。後結構主義的主體和行動者不會把它放在超驗的位置上，把主體做為一切思想、行動的來源，也不會認為主體與社會行動者完全受到結構所決斷。從這裏，可以標示出結構主義與後結構主義與主體哲學的差別。後結構主義所談的主體與主體性與超驗哲學所談的有很大的不同，它不預設有一個完滿的社會行動者。

三、「論述」（Discourse）

（一）「論述」在不同的研究途徑中的理解與實踐

在 David Howarth 的研究中，論述的意涵並不相同：實證主義者（positivist / empiricist），如 McAdam, Snow and Benford 認為論述是框架（frame）或認知架構（Cognitive Schemata）。而馬克思主義則認為論述是意識形態的體系；里克爾（Paul Ricoeur）則賦予論述詮釋學的意義。哈伯瑪斯（Jürgen Habermas）視論述為「溝通行為」（Communicative action）。

至於台灣政治學、傳播學較常引用的理論 Norman Fairclough 的「批判性論述分析」（critical discourse analysis），則是說明社會結構與論述的相互構成關係。後馬克思主義與後結構主義也採用論述分析，如傅科等。然今天演講的主角，特別是 Laclau & Mouffe，後馬克思主義的色彩已愈來愈淡。

（二）批判性論述分析

英國的 Norman Fairclough 所提出批判性論述分析，如圖 9-1 所示。

在圖 9-1 中，最核心的是文本，是比較狹義，第二層是論述實踐，涉及到更大的部分，也就是文本脈絡，第三層是社會文化實踐，包含制度性、社會性的面向。對傅科而言，論述是在社會裏面的某一種系統。對 Laclau & Mouffe 而言，社會就是論述。論述分析的第一層就是要對文本內容結構進行分析，第二層是要進行解釋文本生產的環境，第三層是要放到更大的社會脈絡進行分

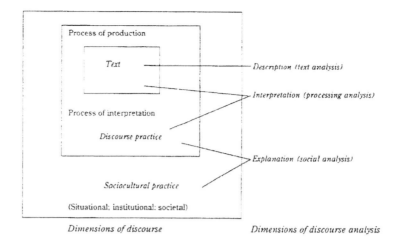

圖 9-1　批判性論述分析的面向

析。在分析當中，強調社會結構與行動者的雙重性以及相互建構的過程，相互指的是將兩者放在兩個不同領域的指涉範圍，一個是論述，一個是社會。

四、Laclau & Mouffe 的後結構主義論述理論

　　Laclau & Mouffe 認為所有的對象或行動都具有意義，但是其意義只能透過論述系統中的差異而取得。這部分是從結構主義而來的，也就是索緒爾（Ferdinand de Saussure）所提出的「差異」。簡單地說，「論述」指的便是「在特定歷史中，構成對象、建構主體性與社會認同的意義系統」。而所有的社會實踐都是論述實踐，論述不只是社會實踐中的語意面向，或是狹義的語言。

　　Laclau 在 *"Laclau: A Critical Reader"* 一書最後一章中回應批評者，對他而言，社會實踐就是論述實踐。而批判性論述分析

與詮釋學的區分為：不強調揭露社會實踐的深層意涵，或詮釋行動者的意圖。因此，後結構主義看似與政治無關，事實上個理論的架構念茲在茲的就是政治的問題，而語言的結構的可能性條件本身就是政治。

（一）理論背景

　　後結構主義論述乃源於對新社會主義運動以及福利國家官僚體系的觀察，發現理論和實踐均遭遇困境，如何突破困境呢？Laclau & Mouffe 檢視了從第三國際以來的馬克思主義，其中有兩個比較重要的問題。一是工人階級的特權（The privilege of working class）：工人階級做為社會行動者違反民主原則，不能先驗的認定只有工人階級才能帶領我們進行社會的改革。二是經濟化約論（Economic reductionism）：馬克思主義傳統以來有一個很大的問題就是，政治不見了。對他們而言，政治是要在偶然中進行決斷的，如果一切都已被決定的，那就必然會發生，沒有任何政治的空間。檢視馬克思主義如何用必然性去取代偶然性，為何他們這麼強調偶然性，以及偶然性與政治的關係，我覺得必須要回到他們對「現代性」（modernity）的理解。

　　在西方的脈絡來談現代性，會問人為什麼會出現，人取代的是什麼？尼采曾舉例，有人大白天提著燈籠去市集找上帝，因為上帝好像死了，他也宣示上帝死了，而且是被人殺死了。原本上帝是作為所有我們生活意義的來源，現在上帝不在了，所留下的空位，應該要怎麼辦？

　　受到尼采影響的人會知道所謂空位（The empty place），就是不斷的產生鄉愁。雖然缺乏認同的來源，但人不可能完全失序，處於無結構的混亂中，只是在結構與認同之中做一種自由與必然性之間的擺盪。

　　啟蒙運動以降，人們思考著失去核心後，人類世界的組成究竟是趨於必然或偶然呢？Laclau & Mouffe 主要的批評對象是黑格爾，他認為黑格爾是啟蒙的高峰，辯證法是將世界異質性轉化為邏輯上的矛盾，所以社會的異質與矛盾最終都回到統一的狀態。Laclau & Mouffe 挑戰這個想法。他們認為其實中間有更多的偶然性，而更多的偶然性空間讓我們可以接合，接合是在兩個原本沒有任何內在關聯的元素間建立關係者。

　　此外，法國大革命以降也就是民主革命以來所揭示的政治困境，自由與平等之間的張力有解決之道嗎？現存的社會主義運作以及非社會主義國家的內部運作發生衝突，但不是以階級或經濟作為最主要的源頭的時候，社會主義者可以提出怎樣的方案呢？可以既符合民主又可以回應上述理論與實踐上的問題。

（二）理論源泉

　　阿圖塞（Louis Althusser）的多重決定論比傳統教條馬克思主義更邁進一大步，因為多重決定論透露出最終是沒有最終決定性的。然無論是阿圖塞或葛蘭西（Antonio Gramsci）的霸權理論最終仍無法突破經濟決定論的色彩；結構主義語言學與符號學及其批判：結構的運作究竟由內在規則或外部因素掌控呢？如權力。另外，符徵與符指兩者之間僅是一對一的關係嗎？後結構主義認為是複數且是透過接合的方式建立起來的；傅柯的檔案學與系譜學：散亂中的規律性（Regularity in dispersion）。若離散透過接合會成為一個體系，那麼實際的操作會是什麼？德希達（Jacques Derrida）的解構：沒有哪一個符徵可以地完全被固著下來與特定的符指接合，亦即不存在著超驗符指（transcendental signified）。可在論述中流動，也沒有一個論述可以完整捕捉它。拉康（Jacques Lacan）的精神分析，影響 Laclau & Mouffe 的主體概念，認為任何

一個結構都是不完滿的，主體作為一種匱乏，是在結構發生錯位的時刻出現。

(三)理論基本概念與邏輯

「論述」的單位是什麼？傅柯認為是離散（dispersion）本身造成論述的規律性。但批評者認為該如何看待觀察者的位置，本身就是重要的問題，以及「規律」的位階是描述性的或規範性的？傅柯認為它不像詮釋學去探討深層意義，而僅是純粹描述。Laclau & Mouffe 對這說法大作文章，認為要分兩部分，一個是規律性（regularity），一個是離散（dispersion）。Laclau & Mouffe 認為對論述而言，規律性的問題更重要。他們認為傅科沒有強調論述的規律性，是因為沒有針對論述的界限進行思考。要知道論述的界限，才會知道論述的整體是什麼。Laclau & Mouffe 在後期的著作說的較清楚，認為要知道整體就要知道界限，要知道界限就要知道界限之外是什麼。但問題是，我們永遠沒有辦法知道界限外是什麼，因為如果我們知道界限之外是什麼，它就在界限之內了。但 Laclau & Mouffe 仍認為界限是論述形成的可能性條件，這就成為弔詭的狀態。界限本身為出了論述的範圍，但界限本身也就是論述所沒有辦法達到的那個部分。

Laclau 先就幾個概念加以定義：接合（articulation）是將在離散當中的元素轉化成環節。元素（elements）是還沒有變成論述當中的一部分，成為論述的一部分就稱之為環節（moments）。而節點（nodal points）是以此為核心將元素轉化成環節。敵對（Antagonism），不是邏輯裏的對立與矛盾，而是指對象本身的不完滿；而疆界（frontier）是敵我之間的界限。

政治既是最原初的建制，也是對現存制度的顛覆，存有上（ontological）優先於社會。但也不會沒有社會只有政治，陷入沒

有語言，精神錯亂甚至不知所云的狀態。因此，這同時是 Laclau & Mouffe 理論的前提，也是其理論的限制。因此會招致批評，預設一定有語言、認同，或許我們原本根本沒有。而環節本身具有差異性，但又被等同邏輯所穿透。

　　共通體認可表現出我們的完滿性，而這個共通體認可就成為了代罪羔羊（scapegoat）。社會原本就是不完滿的，但我們為了遮掩不完滿，就要找一個代罪羔羊，告訴大家我們之所以會不完滿，是因為有這個外來的威脅。將內在的不完滿轉變為外在的威脅。Laclau & Mouffe 提出所有的東西都是一種錯位（dislocation），亦表示所有的認同都是政治認同，他們後來做了修正，認為並不是所有認同都要用敵我界限的方式去對應。

　　Laclau & Mouffe 帶有審慎的樂觀，認為社會民主可能性就在於沒有任何的一個邏輯，可能趨向完滿亦帶有危險性，而完滿社會的不可能就是民主的條件。與其規範性的論述，Laclau & Mouffe 認為不如在本體論層次上說明政治是什麼。他認為任何的民主都是民粹，將等同關係拉長，而要形成社會共識，就是要建立等同關係。

　　當社會機制無法再遮掩不滿時，呈現出社會論述的缺口，事實上缺口原本就在，而這時會有很多新的論述進到社會中。Laclau & Mouffe 說這時會有很多相互競爭的迷思（myth）、神話去競逐填補缺口的位置，誰會競逐成功是無法事先預期的，但可看到運動的軌跡，先是論述的出現，我們要對它做歷史分析以及詮釋，然後就形成新的共識、新的霸權（hegemony），社會好像又重新建立了它的秩序。Laclau & Mouffe 認為一定會有東西被排除，而被排除的東西有可能被收編或回應。

　　圖 9-2 的 O 是他者，也就是界限之外。對 Laclau & Mouffe 而言，界限之外是無法指涉的，否則就只是意義系統的延伸。但

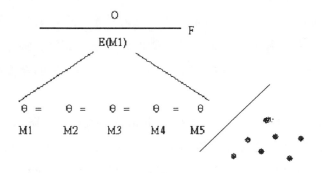

圖 9-2　Laclau & Mouffe 的社會論述

若無法指涉他者，那這個系統是否也無法自我指涉呢？Laclau & Mouffe 想到了一個方法：用 E 來指涉系統本身的失敗，將其放在每一個系統中，這樣就可指出系統的界限。M1、M2、M3、M4、M5 指的是不同的環節（moments），limit 指的是沒有辦法特定指涉的符徵。F 是疆界（frontier）。舉例來說，盧森堡的大罷工，把 O 想成是像沙皇的專制政體，M1、M2、M3、M4、M5 是要去對抗這個政體的各種社會訴求，訴求原本是差異的，但就對抗沙皇來說，他們本身就是相同的。

　　事實上在社會中找不到符號是不指涉任何東西的，因為這樣在系統中會完全指不到它。唯一可能發生的情況就是，在這些連結的不同環節當中，因為社會發展本身的不均質，有某一個節點變成可以指涉 E 的東西。比方說工人，或是台灣民主化過程中的本土化論述、民進黨就體現了這樣一個位置。M1 就成為描述這些異質的 M1、M2、M3、M4、M5，可以共通代表的同質。而究竟 M1、M2、M3、M4、M5 誰會成為同質的代表，就要交給歷史。

　　圖 9-2 下方的黑點，指的是異質性的東西，若在社會中劃定二元對立的疆界，如外勞事件原本既不屬於泛藍也不屬於泛綠，

就是所謂的異質性東西（heterogeneity），無法輕易的將其編排。但異質性的東西有可能被吸納進去，將外勞事件很快的變成反貪污的起點。擴張節點的同時，要切斷部分與原來節點的關連，產生原本內容淡化的現象。如民進黨綱執政時，要切斷與台獨黨綱的聯繫。

　　要注意圖 9-2 本身是動態的，也許加入異質性的東西後，M2、M4 無法接受，便離開這樣一個等同關係，更加突顯自己本身的異質性。因為在建立等同關係的同時，異質性是暫時要被懸置的，將差異放一邊，但差異並不會消失，在某一些歷史節點上它又會浮現，浮現的契機可能是加入太多的元素，或是離原本的等同關係愈來愈遠。離開之後，這些流動的元素也許被另外的等同關係收編，或是建立新的等同關係，與源初的等同關係進行一種對抗。除非社會是完全二元對立的，否則疆界也是多元的，而且力道也不盡相同。比如泛藍與泛綠的對抗，社會運動者就會反省，能否找到新的社會空間，吸收更多異質性的因素，這就是我們可以詮釋的重點。

五、經驗研究

（一）經驗研究的重點

　　透過論述理論分析所進行的經驗研究，有以下幾個重點：

1. 論述發生的可能性條件（conjunctural crisis, organic crisis, social dislocation）：即社會發生錯位的條件，以及危機發生時可否回應、如何回應。

2.論述的接合原則（articulating principle）。

3.構成論述的內涵，穿透交錯論述的各式力量（the multiple lines of force）。

4.維續論述界限（frontier）的機制。

5.論述效力的分析（myth, imaginary, hegemony）。

6.突破現存的論述疆界，重組論述場域（re-configuration of the discursive horizon）的事件（events）：如何使新的論述暴露出來。

（二）經驗研究實例

目前利用論述理論進行的經驗研究包括有：南非種族隔離政策；英國的柴契爾主義、新右派論述、工黨新中間路線；台灣民主化過程等。甚至是對社會運動的研究，均可透過後結構主義論述理論提出新的分析與詮釋觀點。

參考文獻

林淑芬（2005），〈「人民」做主？民粹主義、民主與人民〉，《政治與社會哲學評論》，第 12 期，頁 141-182。

---------（2006），〈拉克勞（Ernesto Laclau）霸權理論中的敵對與異質性〉，《政治科學論叢》：台北，第 30 期，頁 97-130。

Apostle, Hippocrates G.. (1981). *Aristotle's On the soul (De anima)*. Grinnell, Iowa : Peripatetic Press.

Critchley, Simon & Oliver Marchart (2004). *Laclau: a critical reader*. London; New York: Routledge.

Fairclough, Norman (1995). *Media discourse*. London; New York: E.

Arnold.

------- (2003). *Analysing discourse: textual analysis for social research.* London; New York: Routledge.

Heidegger, Martin (1962). *Being and time.* trans. Macquarrie, John & Edward Robinson. New York: Harper.

Laclau, Ernesto & Chantal Mouffe（1994），〈文化霸權和社會主義的戰略〉，陳墇津譯，臺北：遠流。

Howarth, David (2000). *Discourse.* Buckinghamshire, England: Open University Press.

Wittgenstein, Ludwig (1994). *Tractatus logico-philosophicus.* trans. Pears, D. F. & B. F. McGuinness. London; New York: Routledge.

後現代的社會與政治理論
——盧曼的政治社會學

洪鎌德

台灣大學國家發展研究所教授

維也納大學法學院政治學博士

研究興趣：新馬克思主義、古典社會學理論、社會科學方法論、

政治經濟學

一、盧曼的生平、著作與文風

　　尼可拉斯・盧曼（Niklas Luhmann, 1927-1998）於一九二七年十二月八日誕生在北德呂內堡（Lüneburg）釀酒商家中，出身於中層階級，而崇尚自由主義的世家。在故鄉念完中學，而於第二次世界大戰最後一年服役於空軍。退役後在弗萊堡（Freiburg）大學修習法律學（1946-49）。其後完成法律人員修習課程，在一九五四年至一九六二年曾任職尼德薩克遜邦行政部門，後改任該邦文化部官員。一九六〇年至六一年赴美留學，在哈佛大學受教於當代社會學理論巨擘帕森思（Talcott Parsons, 1902-1979），造成他後來與帕氏爭論結構功能論，從而拓展了新體系論。

　　一九六二年至一九六五年盧曼在德國史拜耳（Speyer）行政學高校研讀，加深他從法律學轉向到社會學的興趣。一九六五年社會學家謝爾斯基（Helmut Schelsky, 1912-1984），任命盧曼為其助手，並兼任多德蒙社會科學研究室主任。一九六六年在明斯特（Münster）大學獲取社會科學博士學位，同時也利用業已出版之專書，完成教師升等論文（Habilitation），而在一九六八年取得剛成立的畢勒菲德（Bielefeld）大學社會學講座，從此致力教研生涯。

　　由於他一開始便有充分的學術生涯計畫，所以能夠在進入學術殿堂之前後，採用「連貫的和系統的出版策略」（1984 年《明鏡》（der Spiegel）50 期評語），贏取學界的矚目，終而聲望直線上升。事實上除了懂得怎樣治學出書之外，盧氏對社會學基本概念之精心的剖析與細緻的重構，也是他聲名遠播的因由。他企圖以概念闡釋與理論建構，藉結構功能論來掌握當代複雜多變的社會實在（soziale Wirklichkeit）。

在社會科學界與社會哲學界中，以這種理性的、單面的方法切入觀察，是否足夠，是否適切，引起很大爭論。一九七一年盧曼的理論槓上了比他年輕一歲，但聲望更大的哈伯瑪斯（Jürgen Habermas）。於是兩人的爭辯圍繞著社會科技（Sozialtechnologie）還是社會的理論（Theorie der Gesellschaft）的分辨之上。兩人的歧見至一九九〇年代仍成為德國、乃至歐美社會哲學界爭論不休的主題。

關於這一爭論有兩人共同出版的《社會的理論或是社會科技》（1971）一文集，但盧曼另外有兩本著作對此爭議仍具重大參考價值，那是指《社會體系：一般理論的綱要》（1984）。該書聲稱要找出普世的社會學理論。另一著作為《社會的科學》（*Wissenschaft der Gesellschaft*, 1991）。在這本著作中盧曼繼續發揮他對科學作為社會認知的工具之闡述。他說並非認知的主體在引用利益、或意義的觀點下，對社會有所瞭解，而是對現代社會必須採取控導學（Kybernetik），或自生自導（Autopoesis）的方法，也就是說帶有建構主義的（konstruktivistische）認知模型，才能掌握業已化身為功能體系之現代社會。

誠如駱徹爾（Florian Rötzer）在評論盧曼《社會的科學》一著作時所指出（die Zeit, 22.3.1991）：「盧曼的認知理論不只擱置了體系內在批判的每一可能性。他是以致命的（fatalitisch）與冷眼旁觀的方式，建構起一大群循環演變的體系群中一個自我操作的體系。在這些各自操作的體系中，每個人都成為階下囚，無法逃避。此外每個人都是在結構功能上變成生物的、心理的和社會的諸體系辛苦合構的事物，而形成更大的體系。這些次級體系各自獨立操作。這些體系本身的活力、動力會自我證實、不需外求。體系的主體都得向『真理』和『理性』這類概念告別」。這意思是指每個人都是諸次級體系構成的一個大體系。每一次級體系都有其活

動與操作的動力，而不必藉口人的理性，利益等等「真理」，來說明人作為諸次級體系構成的大體系之存在與發展。盧曼的這種認知論，還遭受另外一位學者的扼要的解說與評論。史賓勒（Rolf Spinnler），在盧曼撰述的《傳媒之實在》出版時指出（Stuttgarter Zeitung, 10.12.1996）：他的思想是從實體（Substanz）轉向體系（Systeme），從而放棄了道德規範的基本價值。在此情形下他的社會學科學觀，既不以文化的觀點來批評現代性滋生的問題，也不為未來提供烏托邦式的遠景。

　　儘管學界批評盧曼的學說太抽象，觀念太玄虛，而很難把他的理論付諸實踐、或批評他用字遣詞、闡述說明不夠清楚明白，但這位受德國學界與輿論界譽為「理論大王」（Theoriekönig）的盧曼，卻在學界中建構了廣泛的，但又獨特的體系論和社會理論。他治學最高的目標在把他的看法對普世現象作一徹底的解說與應用。他的理論觀點不僅牽涉到人在社會階層的隸屬、變遷和互動，而且還包括社會實在各個範圍與面向。他那廣博的學問，有如百科全書家那樣，鉅細靡遺地處理社會總體系的各個次級體系。特別是法律、經濟、宗教、藝術、道德、教育、科學（知識）、兩性關係和傳媒，這些社會的駢枝、分門，各有可以互相比較、類似的組織原則，當然也有其特別的功能。他終其一生以個人獨自經營的方式，詳論各個社會部門的體系理論。也就是在其晚年，他把這些不同部門的知識與理論完整地加以結合，而形成一個可靠的理論網絡，也就是把社會現象的解釋者和觀念相近的人，用一個理論網絡結合起來。他一生重大的學術成就就是臨死前一年出版的《社會的社會》（ _Die Gesellschaft der Gesellschaft_, 1997）一書。

　　盧曼自一九九三年從畢勒菲德大學退休，但仍然在該大學主持一項討論會（Kolloquium）而備受尊崇。一九九八年十一月六日逝世於大學城近郊的歐陵豪森（Oerlinghausen）鎮，享年七十二歲。

拜爾（Horst Baier）在弔詞指出：盧曼的治學方式，證明「在科學的領域上，單打獨鬥的偉大之個人〔學者〕，仍有存在之可能」（NZZ 18.11.1998），譽他為當代「社會學界中的黑格爾」和「為社會學攜帶亮光的使者」（Lichtbringer）」（NZZ, 12.11. 1998）。卡烏貝（Jürgen Kaube）更譽之為「本〔二十〕世紀最重要的社會學家」（FAZ, 12.11 1998）。

　　根據德國《世界報》（*Die Welt*）的統計，盧曼出版的專書多達五十冊，論文有三百多篇，是一位多產的作家。可以說是「大規模經營的個人秀」（Ein-Mann-Grossbetrieb）（Die Welt, 30.1.1993），比較著名的作品為：

1. 《當作制度的基本法權：一個政治社會學的新猷》（1965；1974）。

2. 《目的概念和體系理性：論社會體系中的功能》（1968；1973）。

3. 《藉由程序取得正當性》（1969；1983）。

4. 《社會學的啟蒙：社會體系論文集》（卷 1，1969；卷 2，1973；卷 3， 1981）。

5. 《社會理論或社會科技》（與哈伯瑪斯共同出版 1971）。

6. 《法律社會學》（1972；1983；英譯 1985）。

7. 《法律體系與法律詮釋》（1974）。

8. 《權力》（1975）。

9. 《宗教的功能》（1977）。

10.《社會結構與語意學：現代社會的知識社會學之研究》（卷 1，1980；卷 2，1981；卷 3，1989）。

11.《福利國的政治理論》（1981）。

12.《激情之愛：隱密之私的符碼化》（1982）。

13.《社會體系：一般理論的綱要》（1984）。

14.《當成建構的認知》（1988）。

15.《社會之經濟》（1988）。

16.《社會學的啟蒙》（1990）。

17.《社會之科學》（1991）。

18.《社會之法律》（1993）。

19.《社會之藝術》（1995）。

20.《社會結構與語意學》（1995）。

21.《傳媒之實在》（1996）。

22.《社會之社會》（1997）。

23.《法律之歧異》（1999）。

　　就像哈伯瑪斯及當代德國著名學人一樣，盧曼晚期的大部分著作多由法蘭克福的 Suhrhamp 出版社出版，以袖珍書（Taschenbuch）的形式出版。

　　一九八八年盧曼獲得德國最高的哲學與文化獎──黑格爾學術獎，先後獲得根特大學等榮譽博士學位，為德國社會學會之會員。盧氏育有一女兩男，其夫人於一九七七年便告逝世，盧曼作為鰥夫長達二十一年之久，似未續絃（上述傳記與著作資料取材自 Munzinger / Internationales Biographisches Archiv, 5199 Lu-Me 1-3）。

　　誠如《法律社會學》一書英譯者，英國卡地夫大學社會學理論教授阿爾布洛夫（Martin Albrow），在該書英譯版的〈前言〉中所說，盧曼的學識、能力與聲望可與哈伯瑪斯栢匹敵。但由於其作品譯為英文者屈指可數（此書英譯題目改為《法律的一個社會學理論》。之前僅有《信託與權力》（1979）和《社會之分歧》（1982）兩書，及之後的《生態學之溝通》（1989）、《自我指涉論文集》

（1990）、《福利國的政治理論》（1990）等三本書的英譯本付梓），造成英美社會學界與法學界對盧氏學說之陌生。這並非盧曼與哈伯瑪斯在理論或學說上有優劣之差別，而是由於後者藉第二次世界大戰之後法蘭克福學派的聲光，而獲得殊榮。反之，盧曼不屬於任何學派，而是一個單打獨鬥的理論戰士。影響他思想的人，主要為德國學術前輩。這些人同影響哈伯瑪斯的馬克思和法蘭克福學派之享有國際名聲完全不同。這點顧忠華也在引介盧曼社會系統理論的中譯序文上感慨指陳（顧忠華　1998：3）。

　　對盧氏而言，戰後西德所發展的社會理論，不過是 19 世紀日耳曼法治國家（Rechtsstaat）學說之延伸，就像其前行者的馮士坦（Lorenz von Stein, 1815-1890）和韋伯一樣，盧曼在大學修習法律，擔任具有法律性質的官吏職務，後來才獻身大學的教育與研究。盧曼的法學養成教育，提供他一般社會理論的基礎，這是典型德國式的，與英、法、美的社會科學家之出身截然不同。法律提供國家統治的架構，法學人才（行政人才、立法人才與法官、法學者）成為國家重要人才庫之資源，也被視為公務員的一環（德國大學教授身兼公務員身分），法學理論成為研究社會性質的理論。在此情形下德國的法律社會學所處理的議題，與英美法律社會學指涉的題目有很大的不同。

　　對盧曼而言，法律和社會是一而二、二而一密切關聯的事物，這兩個詞彙的關係和關聯幾乎是互相的、缺一不可的。他的法律社會學不在討論社會因素對法律的生成、運作、功能、演變之影響，而是指出法律與社會生活內在的，必要的聯繫（Albrow, 1985: vii-viii）。

　　誠如顧忠華所說，盧曼的思想常像「泥鰍」一般滑溜，連德國人自己讀起來都頭痛萬分。事實上，盧曼常被比擬為社會學中的黑格爾，擅於驅使與使用抽象度極高的概念、文字，營造出既

複雜又辯證的理論體系（顧忠華，1998：4）。他的系統論以系統與環境的差異為起點，討論體系自我再製之機制，提供另一種的「啟蒙方案」（Aufklärungsprojekt），或啟蒙策略。雖一度被英美學界誤會為異端，「但回顧二十世紀的社會學理論史，盧曼確能躋身於獨創一支理論學派的大師間而毫不遜色。盧曼的理論不歸路，就是肇始於他去敲開另一扇的啟蒙窗口」（顧忠華、湯志傑，1996：167）。

二、盧曼的社會學說

有「當代黑格爾」尊稱的盧曼是足堪與其哈伯瑪斯相提並論的思想家、理論家。這位系統理論家所處理問題之範圍，其廣包的程度又大大超過哈伯瑪斯討論的主題。連男女之間的親密關係、家庭倫理、宗教、藝術、語意學，乃至行政法、程序法、訴訟法等專門性的法律問題，無一不以分開成冊的專書面目呈獻出來。這是他雄心壯志要發展整個（一般）社會「超理論」（super-theory）之自我期許（Luhmann, 1984: 19）。在他七十二年的生涯中出書達 50 冊，論文超過了 300 篇，顯然是一位多產的作家，是一位單打獨鬥、不營私結黨、不成立學派的知識界巨人，這點完全迥異於帕森思、紀登斯（Giddens）等超級「學閥」（洪鎌德，2004c: 340; 2000: 45-79; 105-203）。

盧曼所發展的社會系統（體系）論，前後有兩個不同的版本。前期在受帕森思功能論的影響下，曾修正與補充後者的學說，而發展出這種號稱「開放系統」的「新功能論」。後期則在受到生物認知論的啟發下，把系統之自我再製、自我指涉、自我描繪（autopoiesis）看成一個對內封閉、對外開放的體系，也就是發展

了「自我調控說」。這兩個不同版本的系統論以一九七〇年代中期為分界線，而後者發展至高峰則為盧氏出版《社會系統：一般理論的綱要》一書的一九八四年。

　　盧曼的老師，帕森思指出現代社會為一個功能分殊的體系。現代西方先進的資本主義社會，有其複雜的結構和歧異的功能。每個不同的部門都在發揮特殊的功能。另外各部門、各部分歧異性功能的同時發揮，才能促成整體社會的運作。這樣整體社會能夠維持和發展，也就是導致社會的永續經營。社會的部門、或區塊包括經濟、政治、法律、教育、宗教、藝術、倫理等文化的諸面向，其功能或是在適應社會之外的環境之衝擊，或滿足社會成員的需要，於是經濟和科技便擔任這種調適（adaptation，簡稱 A）的任務。整個社會發展要有目標、要有方向、要有正確的路線來實現目標，這便有賴政治的指引、操作、經營。因之，政治成為目標達成（goal-attainment，簡稱 G）的推手。此外，社會也有賴規範來約束來導正其成員（個人、群體）之行為，俾能保持社會的整合（integration，簡稱 I），使社會不致渙散、崩解。這種凝聚社會的整合力量便是法律、道德、倫理、教育、宗教等。但社會也需要在時間漫長的過程中保持其本體（identity），使其類型得以保持（pattern-maintenance），以及把內外緊張關係消解（tension reduction）。這就有賴文化、宗教、藝術、習俗、傳統的潛勢力（latency，簡稱 L）來發揮這種的功能。由是帕森思 AGIL 的社會系統模型成為第二次世界大戰結束後歐美乃至整個世界社會學思潮的主流。

　　盧曼在親受帕森斯的教誨（一九六〇至六一年）之餘，融合伊斯敦（David Easton）把來自環境的投入（inputs）透過黑盒子的運作，造成了產出（outputs）的政策形成模型，發展出系統新功能論。不過有異於帕森思和伊斯敦之處，是盧曼堅信社會本身就是

一個體系，亦即確認社會體系的存在（Luhmann, 1984: 30），而不認為它是學者心目中的分析範疇，或理論模型而已。直至一九七〇年代中期，盧曼視社會系統是一個存在於複雜環境中的開放體系。這種開放體系有兩大功能。第一個功能就是前述帕森思與伊斯敦所強調的社會（或政治）系統把環境的需求轉化為社會繼續存活發展的功能（在政治體系中把民眾的需要轉化成集體的、具有約束力的決策）。第二個功能則是社會把萬般複雜的週遭世界簡化為人群容易應對、容易理解、容易掌握的身邊瑣事。換言之，每人每日所面對的不只是龐大複雜的整體社會（更何況整體社會的疆界不斷在擴大、變化當中），更多是社會中的次級社會，次級社會中的更次級、更具體的生活與工作環境（例如職場、學校、家庭、鄰里、旅遊團體等等）。對於生於斯、長於斯、活動於斯的小型社會（次級社會體系），我們因為親身參與而耳熟能詳，所以總會有一定的認識，抱持一定的態度，自然有一套應付的想法與做法。是故社會體系大至寰球世界，小至男女情侶、補習班師生關係；大至國家興亡，短至暫時的邂逅，都是人們可以充分應付處理的場所。是故社會體系提供人群化難為易，化複雜為簡便的功能。進一步來說，每一社會次級體系都樹立了意義（meaning）的疆界。例如在一個演講會場裏，當演講者在台上拼命耍嘴皮時，聽講者都有共同的趣味、溝通的誠意，該項演講的意義便會在聽講間自然湧現。是故整體（一般）社會是由不同層次的次級（以及次級的次級）社會體系構成，他們或是人際的互動、或是機關團體、或是社會組織、或是典章制度等等。

　　不管是個人還是社團，作為社會體系的成員，都是社會的行動者（actors, agents）。他們隨時隨地都會意識到自己所處的社會情境，以及該情境所呈現的意義。他們也知道下一步他們要做出（或不做出）任何的動作。在市場裏他們知道自己在選購商品、講價

還價，可是在投票所他們知道自己在選賢舉能（或因賄選而投某人一票）。以上是盧曼前期系統論中的新功能論之簡單描述。

三、盧曼後期的自生體系理論

　　自從一九七〇年代中期至他逝世的一九九八年，盧曼發展新的理論模型，這是他夸夸大言的「社會理論中典範移轉」（Luhmann, 1984: 15-23）。他從兩名智利後裔美籍神經科學家馬圖拉納（Humberto Maturana）與瓦列拉（Francisco Varela）的生物學說應用到社會科學的領域來，也就是把自生自製、自我生產（autopoiesis）的生物認知概念引用到他的社會系統理論當中。

　　自我生產、自我再製、自我導引的理論是說，任何一個生物體系，其構成的部分、成員、元素有自我生成、自我複製的本事，就是元素會複製新的元素，而促成整個體系的存活與發展。因之，這種體系乃是自我指涉的體系（self-referential system）。凡是不再參與體系之再生產的元素便從體系脫落，成為體系的外圍、或體系的環境。是故體系與其外圍（環境）的分別是一個重要的概念。體系要能夠維持和發展，必須不斷地檢討它以及其環境之關係。原因是體系的物質、能量、養分、資訊等來自外頭的環境。體系是仰賴其環境而存活。這是體系對環境的仰賴，也是體系對環境的開放（Offenheit）。不過體系在其操作運用上去倒是自滿自足，而成為一種幾近封閉的、首尾銜接的操作單一體（operative Geschlossenheit）（Luhmann, 1997: 44）。

　　由於體系及其環境愈來愈趨複雜，而又面臨頻頻發生的事故、風險之挑戰，也就是面臨偶發性、機緣性、偶連性（Kontingenz）的挑戰，因之如何把複雜轉化為簡明，如何把危機轉變為契機，

就成為任何體系存活的當務之急。一旦體系及其環境的複雜性與偶連性無法減少、無法控制，則體系的結構將會鬆散廢弛，最終導致體系的崩潰。

　　盧曼認為，人們可以靠時間、空間、符號之名目，把體系及其成員的互動納入昨天、今天、明天的時間範疇內，或設定遠近的空間關係，或設定能彼此溝通之符號數量。這些安排，旨在減低體系和環境之複雜性和風險性。換言之，體系之功能是把複雜變為簡單、把無常轉化為正常、把叵測更易為可靠。

　　對盧曼而言，社會體系是以意義為取向的人之行動、人之操作（Operationen，運作）的總體。操作以及操作的管理（引導、規定、協調，一言以蔽之，也就是「結構」）成為新的體系論之焦點。新的體系論強調體系的各種操作之重要性。只有重視這類體系內的操作，才會分辨體系及其外界（環境）之不同。操作產生體系內其他的操作。每一操作牽涉到聯繫、掛鉤、耦連（Verknüpfung, Anschliessung, Koppelung）其他的操作，造成操作連結的反復性、重複性，也造成操作的自我認知、自我觀察、自我修正、自我描述。由是形成體系為首尾銜接的封閉自足的單元。因之，盧曼最大的興趣在於揭示功能分歧的後現代社會體系，以及其次級體系內部的各種操作，以及這些操作的機制與結構（洪鎌德，2004c: 359-360）。

　　在體系的諸種操作中又以溝通最為重要。個別的社會體系之所以能夠再製、複製、生生不息，就是由於它產生了特殊的、適合該體系存續的溝通方式。舉個淺例，作為追求真理的科學（是社會總體的一個部門，本身卻也是一種社會體系），其出現、維持與昌盛就有賴學者形成的學界之溝通。溝通是藉研究成果的發表為之，也就是讓學人對科學的新發現加以討論、檢證，亦即分析新發明的陳述，可被證實，或被駁斥。學界證實或駁斥的兩元符

碼便是「真實」或「不真」（虛偽）。是故作為社會次級體系的科學以及科學界便以真偽的爭辯，不斷地發表而自成一個規範性封閉的體系，但在與其他社會體系（例如經濟）的關係上卻有認知上的開放。原因是科學之外的其他社會次級體系（像經濟、政治、倫理、宗教等等）都變成了科學體系的外界、科學體系的環境。科學僅能靠學界本身之磋商辯駁來進行溝通，科學無法與其環境進行直接的溝通，以決定新發現的事物是否為真實、是否非真實。這表示任何的社會體系在尋覓其活動的意義上是自主的、自決的、封閉的、不容外部（環境中的其他社會體系）直接干涉，儘管作為社會體系的社會科學在財政上要靠政府（政治）、財團（經濟）的支援。這表示科學體系固然與其他社會體系掛鈎，但有關科學本身的操作－追求「真理」－卻要由體系內部的成員（科學家）之彼此溝通，而運作下去，也就是科學會存活、發展、昌盛的因由。

四、後現代社會是一個功能歧異的社會體系

當前西方工商業發達的社會，俗稱「後資本主義社會」、或稱「後結構主義社會」、或稱「後現代主義社會」。這些社會的特徵為資本主義的發展早已跨越國界（跨國公司），散播到其他國家或地區之上，而過去被鼓吹、被渲染為「良好社會」（the good society）之福利國，卻因國庫大量掏空、社會貧富差距仍舊增大，而使多位主政者（美國雷根總統，英國柴契爾首相等）必須改弦更張，把新自由主義轉化為新保守主義。這種現象構成了當代福利國的危機。不僅如此，國家權力的下放與擴散，造成政治勢力的衰弱，政治體系在全社會中已不是高高在上，為國界範圍內的社會

（national society）發號施令、指引方向的主導勢力。反之，政治就如同經濟、文化、科技、旅遊、運動等等其餘的社會次級體系相似，只成為一種對內規範性封閉的、對外認知上的開放之系統而已。政治活動既不是全社會制訂目標、追求理想的領導上司，則過去視社會擁有中心、擁有主體的說法（論述、話語）都被後現代去中心、去主體的觀點所取代。

盧曼後現代社會的描述，便主張全社會作為範圍較大的一個體系，並不具有明確的疆界（可大可小）。但每個號稱先進的國族社會（national state）至少包括將近一打的的次級社會體系。這包括經濟、政治、法律、宗教、科學、藝術、傳媒、教育、健康（公衛）、運動（與休閒旅遊活動）、家庭，以及人群親密（隱密、私密）（男女、朋友、同志、人與寵物等）的關係。每一種社會次級體系的指導原則為各自獨特的兩元符碼（binary code）。譬如在科學體系中講究的為「真／不真」，在道德體系中講究「善／惡」，在經濟體系中講究「盈／虧」等等。這就是說每項社會事件都可以用真假、對錯、善惡、盈虧等兩元看法來加以認知、加以處理，這就是把複雜轉化為簡單的例證。這種兩元符碼也是盧曼說的用「普遍化、泛宇性的要求或主張來建構世界」（Luhmann, 1986: 78）。每個社會次級體系的兩元符碼就像一支手電筒照射到一間漆黑的房間。這是每一體系自己選用的符碼以及其照射的範圍。在手電筒照射的光束以及其所照射的東西就代表了該體系選擇性的觀點。這種觀點可以不同於其他的體系，也與其他體系無涉（因而讓照射不到的房間之部位仍舊漆黑一片，而不加理會），但社會所有次級體系同時各以其手電筒照亮這個房間時，則整個房間，也就是整個社會都變成明亮可見。

過去經典的社會學家，不管是涂爾幹，還是帕森思就持這種看法，咸認各個次級體系發揮其分化的、歧異的照明功用，會使

整個社會（房間）明亮起來。但盧曼與其前驅韋伯卻不做這種一廂情願的看法－社會次級體系能夠分工、也能夠合作、彼此和諧、團結之樂觀看法。韋伯曾經把當代社會看做是多元價值的眾神爭寵，其結果產生了宗教與科學對抗、科學與政治摩擦、政治與藝術爭執、藝術與經濟疏離。每個次級體系都在自抬身價，認為各個社會事件的解釋權操在他們手中。盧曼像韋伯一樣指出每個次級體系傾向於強調他們本身符碼的定奪，是他們觀察社會事件、確認社會事件的判準。

　　每種次級體系對社會的演變現象（社會事件）有其高度選擇性的觀點，企圖用本身的看法與態度推論至整體（以偏概全）。這種分歧的、偏頗的、獨抒己見的作法之彙集，造成社會景觀的多樣性、倍增化（multiplication），隨之而產生的便是矛盾重重、爭議不休（Luhmann, 1990: 420-421）。

　　德國哲學家耿雲特（Gotthard Günther）將當代社會描述為「多種脈絡」（poly-contextual）的社會。盧曼採用這個名詞，而認為處於後現代的社會是一個「多種脈絡的社會」。在多種脈絡的社會中，各種次級體系競相爭奪社會的發言權、解釋權，社會發生的任何事件各有其說詞。沒有任何一個次級團體（包括政治系統）可以站在亞基米德的高點上（亞氏曾誇示給他宇宙上一個定點，它可以用一個槓桿把地球翻動），來為世事做權威性的、強制性的、有效性的說明、或裁決。社會各次級體系對整個事會的維持、繁衍、再製雖有貢獻，但沒有一個次級體系可以取代其他的次級體系，這就是指社會各部門、各個界域（學術界、工商界、宗教界、藝術界、政治界、科技界等等）都各自有其功能，無法越俎代庖。這就表示政治不是最重要的（政治掛帥），也不是馬派人士所認為經濟才是社會的基石（洪鎌德，2004a），因為吾人不致想到沒有經濟當代社會便會馬上崩潰。在這種說詞下，當代社會「既

沒有上司，也沒有中樞」（Luhmann, 1981: 22）。

　　綜括上述，盧曼挑戰了歷來三種當代社會的解釋，每個解釋皆源遠流長，各有其傳統上政治與哲學的淵源。第一，當代社會不得像馬派一再宣稱的是一個資本主義的社會。原因是經濟不再是當代社會的中樞所在，經濟只是同其他次級體系平起平坐；其二，當代社會不是像涂爾幹和帕森思所嚮往的以文明的、入世的宗教（civil religion）為主旨，亦即道德倫理取代基督教教義之文化體系；其三、當代社會不像伊斯敦、舒密特（Carl Schmitt, 1888-1985）、摩根索（Hans Morgenthau, 1904-1980）等人倡說政治掛帥的社會[1]。

五、當代社會的政治系統

　　當代社會既然是一個多種脈絡的社會，那麼它一方面不再是古希臘城邦時代哲人所期待的道德社群、倫理集團，也不是近世歐洲民族國家崛起後，專制君王威權顯赫，以國家領導與嚴控社會的政治掛帥之領土國家（territorial state）。盧曼定位當代社會中的政體系為產生集體性約束決斷（production of collectively binding decisions）之機制。原因是社會中各種（各級）次體系皆需要作決斷、決策，而這些決策對集體而言、對群體而言都有必要，這些決斷與決策對各種（級）次團體的成員有拘束力，否則次團體便難持續、存活，遑論演進？遑論發展？為了達成政治體系不斷產生集體性具拘束力的決斷之功能，這一社會中的次體系（政治系

---

[1]　以上敘述係取材自 Lange & Schimank, 2004: 63。不過這兩位作者並不把盧曼之前有關發展當代社會理論的大師之姓名加以介紹，此乃由作者加以補充。

統）有賴「權力」（Macht）作為運作與溝通的媒介。政治的運作所倚賴的兩元符碼便是「有權／無權」。因之，在政治系統中，爭取權力、維持權力、擴大權力、或阻止權力之減少、喪失成為當務之急。

　　爭取權力（權爭、權鬥）成為功能歧出的當代社會中結構極為分散、歧異的政治體系之最重要的戲碼。盧曼認為政治體系上可以分成三個次範圍、次體系、次氛圍、次圈圈：其一為公共行政（包括政府各機關、官僚系統、中央或地方官署、行政與司法單位、公務員等等）；其二為政黨政治（朝野對立、執政黨與其他黨派之關係、國會中的政策論辯、中央與地方立法機關、代議士等等）；其三為公共論域（選民與其他國民、輿論、傳媒、意見領袖、利益與壓力團體、社會清流等等）。上述三個次級群體的互動如以下圖一為例，可得一個權力流動循環（cycle of power）的圖像。如以順時針移動的方向來看，可以看成為「官方的」權力循環，如以逆時針移動的方向來看，則得出「非官方的」權力循環。圖 10-1 表達盧曼如何應用自生體系論於政治體系的詮釋之上。

　　公共行政在制定與執行具有拘束力的決斷（決策）。它是依據實質與形式的規則（憲法、法律、命令及其程序法）做出符合民意（包括政黨支持者）的決斷，並把該決斷以具體措施加以推動實行，在對待國民時這種決斷及其施行力求人人平等，沒有厚此薄彼的偏頗。這種公正性、客觀性、普遍性是行政決斷取得程序正義的原因，也就是取得制定與施行正當性的原因。但公共行政的部門無法靠其本身為政治造成正當性，也就是無法融合各種不同的勢力來做政治支撐的力量。這就有賴政黨政治這一區塊來演出。

多種脈絡的（poly-contextual 多脈）社會之政治體系

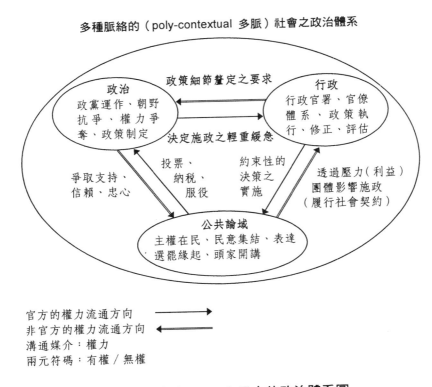

官方的權力流通方向　————▶
非官方的權力流通方向　◀————
溝通媒介：權力
兩元符碼：有權／無權

圖 10-1　Luhmann 心目中的政治體系圖

資料來源：作者自繪。參酌 Lange & Schimank, 2004: 64 一文。

在一般號稱民主的國家，政黨及其要角——個別的政治人物
——要靠拼選舉來贏得國會和政府的有限職位。能夠進入政府機
關的政治人物位高權大，可以運用龐大的國家資源為行政部門的
政策大綱拍板定調，做出決斷（策）。反之，位居反對黨的政要卻
無此權力，但仍利用其反對黨「影子內閣」的身段，不斷批評與
攻擊執政黨，而彰顯在野黨的政綱，俾在下次選舉時能夠重新奪
取權力、贏回政權。政黨就靠其所信持的意識形態分成左、右、
中間性政黨（洪鎌德，2004b: 13）。任何的社會事件或社會問題
都可以藉選舉方式來選擇執政者（魅力領袖）、或選擇其政黨（政

綱的優越）、或贊成改革（改變現狀）、或贊成守成（保留原狀）
訴諸不同的意識形態來進行政治上的抉擇與溝通。政黨提出左
翼、右翼、或中間的路線，這便成為政策之各種選項。政策選項
提供選民－公共論域－選擇的參考。選民在選舉中無法對個別
的、特殊的需求有所表達，而僅能在政黨與候選人的政策取向上
（亦即黨綱、黨策上）、或人格特質（魅力領袖或平庸政客）方面、
做接受或排拒的抉擇。就因為這個緣故現代政治（政黨政治）變
成政治體系中的次級體系，擁有獨立自主的性格，也造成從權力
中衍生出權力，導致了權力非官方式的循環（逆時針移動方向的
運轉）。

　　由政黨政治強調的政綱所選定的政策方向，再交付行政機關
去制定具體可行的施政綱目，再形成為拘束公共論域的施政細
則，便是上述順時針走動方向的官方權力循環之路數。這條路數
還包括公共論域中選民的投票選舉，而使政黨浮沈、朝野互換。
由於官方的權力循環之複雜性大增引發政治體系的壓力過重
（stressed with complexity），所以盧曼又指出一條與官方權力循環
相反的非正式權力循環（Luhmann, 1981: 47）。原因是在後工業、
後結構主義的社會中，政黨愈來愈難凝聚，或提出公眾分歧的、
異質的各種需要。公眾遂自組利益團體、壓力團體（例如反核四
推動委員會、教改協會等等），這些特殊利益、特殊議題的社團往
往會向立法機關，或向行政機關直接陳情、直接請求，而造成對
公共行政的干預。於是公領域與行政單位之間各種各樣的交往接
觸頻繁，造成公司行號與公民直接干政之層出不窮。公共行政基
於人民需要的體認而不得不與之直接談判。換言之，其執行機關
面對民意與輿論壓力不得不有所應對，遂造成立法機構與行政部
門有所區隔的應對行徑。這便成為非官方權力循環的管道，由行
政部門擬妥決策細節反映給政黨與議會，而政黨與議會的部門（政

治部門）在吸收民眾特殊利益，凝聚為政黨或國會的共識（政黨的政綱變成非吸取選民的特殊要求、異質訴求不可）之後，儘量討好選民、向民眾示好。於是非官方的權力循環，從公眾邁向行政、邁向政治，而最終又回歸民眾（公共論域）。換言之，在這個非形式而又直接民主當中，政黨失去了行政部門與政黨政治兩個領域（或區塊）的緩衝工具、緩衝媒介的功能。其結果造成政治體系從其環境（其他社會體系：經濟、宗教、文化、藝術等）之下獨立自主的性格也一併消失。個別公民形成的團體在追求其特殊的、異質的利益時，把一部分權力奪去，而導致政治體系負荷過重。這種非官方權力循環的部分的過分發揮作用正是今日福利國家的寫照。盧曼對當代福利國所遭逢的困境與引發的危機相當憂心，而有深入的剖析，不過在介紹他有關福利國危機說之前，先介紹他對政治與法律兩種體系的關連論。

六、法律與政治的關係

在法治國家（Rechtsstaat）的理念之下，憲法有其法條形態（Gesetzförmigkeit）和行政要受法律拘束（依法行政）。此外，立法機構要受政黨角力的影響，也就是受到政治勢力的推動，都顯示法律與政治之緊密關係。但這種關係卻也是建立在法律與政治隸屬不同的體系，亦即兩者都有平行互異的基礎之上展開的。是故法條形態和權力、或暴力的處分方式（Disposition über Gewalt）是法律與政治相輔相成、相激相盪的關鍵所在。

很明顯地，如果沒有具有任何的強制力、拘束性，法律要流於虛有其表的具文。另一方面如果無法控制暴力（或以暴制暴），政治權力不可能組成與運作。於是法律與政治成為息息相關的共

生體、或是連體嬰。兩者只有在條件制約之層次上作一分辨。不過一般而言，政治權力是要降服於法律的形式要求之下，要以法律形式開展與運作的（Luhmann, 1999: 156-158）。

　　現代法律受到政治之控制，固然是領土國家的勢力膨脹，制法、用法與執法的機關一一矗立，組織嚴密、職權擴張，有關法律的體現之政治決斷不願假手別人的緣故。法律的強制性主要為法官跟前呈現的證據、或是司法審判過程的複雜。自然法可否當成法律執行的保證來源，成為爭議之所在。

　　關於暴力與政治以及法律的關係，思想家已不再從自然法的論述切入。社會學理論的分析取代自然法的說法，著眼於政治體系與法律體系之關係。

　　盧曼在此遂引用帕森思「雙重交換」（double interchanges）的模型[2]解釋法律體系與政治體系之關係。其基本構想為體系與體系之間溝通方式高度的歧異化與普遍化，使其溝通方式不只是單軌，也有雙軌的可能。那麼什麼是政治體系和法律體系的交換對象（標的）呢？換言之，是什麼動機促成兩者造成交換呢？我們初步判斷會以為政治體系只有「給」而不「取」；反之，法律體系只「取」而不「給」。也就是指政治體系在立法、制法和提供強制手段，而法律體系只接受政治機構（立法機關）制成的法律與提供的強制手段　（法院、警察、監獄、拘留所、集中營等）而已。這種說法就是傳統上視政治為高高在上，而法律不過是政治組織的手段、工具，在上下垂直的金字塔權力結構中居於中下階層的位階。

---

[2]　帕森思所言雙重交換是指家庭生計與廠商（經濟團體）之交換而言。家庭提供廠商人力而換取薪水、工資（貨幣）；另外家庭也付出金錢購買廠商生產的產品或勞務，參閱 Parsons and Smelser, 1956: 70ff；及 Parsons, 1959: 3-38.

假使我們拋開目標（政治）與手段（法律）的想法，而改以體系的觀點，特別是把體系看成為自我指涉、首尾連貫的系統來看待，就會把體系裏的結構當成是循環的、首尾銜接的事物。體系的操作之決定與同一體系的其他決定有關，也就是體系特別的功能在於涉及到自身的操作、活動、決斷之際，產生了新的操作、活動、決斷。造成這種自生自導的主要價值、主要目標，無過於體系本身之功能。

體系在時間過程中卻不斷要接受（開放給）新穎的、嶄新的事項之挑戰，這才會使體系日新又新，表現出各種各樣的變異。否則在長期僵化、繼續維持的狀況之下，事物、體系無從產生進化。體系依賴歷史，固然是明顯的，體系依賴環境，而增強其變遷與進化，也是另一明顯的事例。是故，體系與時間（歷史）、體系與環境（空間）的相互依存，本來乃是循環的、對稱的，現在由於體系要倚靠歷史、體系要依靠環境，這兩種依靠關係結合起來就導致相互依存的關係破壞，也導致去套套邏輯化的作用，與體系從對稱關係改變為不對稱的關係之功用（ibid., 166-167）。

我們接著便要質問什麼東西成為體系與體系之間，或是體系及其環境之間的交換物？顯然這種交易的對象，就是交易的雙方對於不對稱的需要，也就是要把循環式的相互依賴關係打破。

在交換的軌道上政治體系提供給法律體系一個「不對稱化」，也就是提供以條文為形式的決定前提（Entscheidungsprämissen）。政治體系既然有所提供、有所給，其亦有所收穫、有所「取」。政治體系所接受的就是跨越法律之上，而為政治權力之實現。廣大人群在其私領域中的互利、交易所遵守的規律限制，擴大了權力的影響作用，就在權力影響擴大的同時，私人也達成其利益之追求。在法律統治（法律國）遂行的條件下，政治體系滿足其中央集權化的政策制定之需求（其實是一種幻想），而公布法條被視為

政治意志的伸張，被看待作政策貫徹的成功。

　　但在另一個交換的軌道上，法律體系藉有形的暴力之動用，提供政治體系「不對稱化」。對政治體系而言，這樣作可以把意志和暴力的循環打破。人們不可能把所有想要的東西、意欲的東西都藉強制力而取得，也不可能把所有強制力發生作用的場合，而伸張其意欲。法律的形式正是介於這兩者之間而出現，使意欲與強制獲得平衡。換言之，法治的意義在於把政治意志所塑造的自主和民主，不因政府的暴力使用，而有所動搖，有所質疑。法律體系既然有所「給」，也會有所「取」。它所取得的是必要的強制可能性（行使公權力的暴力）。法律的決斷，特別是法庭的判決（Entscheidungen），絕對不是馬耳當風，而是要付諸實行的、要產生制裁之作用的。在法律的裁判中，制裁或強制的可能性一向被慎重地考慮，假使法庭的裁判無法落實、無法執行，那麼一個社會中的法律體系也就無法存在。

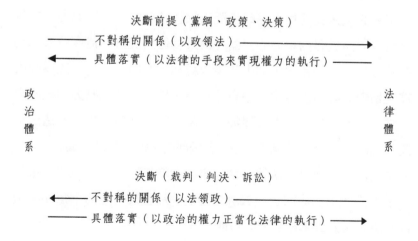

決斷前提（黨綱、政策、決策）
───── 不對稱的關係（以政領法）──────────▶
◀───── 具體落實（以法律的手段來實現權力的執行）─────

政治體系　　　　　　　　　　　　　　　　　　法律體系

決斷（裁判、判決、訴訟）
◀───── 不對稱的關係（以法領政）─────────
───── 具體落實（以政治的權力正當化法律的執行）─────▶

圖 10-2　法律體系與政治體系之雙重交換圖

資料來源：作者修正自 N. Luhmann 1999, Ausdifferenzierung des Rechts , Frankfurt a. M.: Suhrkamp, S. 169.

　　換言之，政治和法律都要仰賴有形的暴力之使用，怎樣把暴力正當化、合法化造成暴力使用的共生機制之分歧，一邊為政治的暴力，另一邊為法律的暴力。這兩者分隸屬於政治體系和法律體系的各自運作。過去把統治當作由上方（政治）貫徹到下方（法律）的暴力使用之觀念，現在已由體系論加以修正（ibid., 167-170）。

　　政治與法律各基於需要而有功能性的分殊。在歧異的社會體系中，功能性的分殊卻藉由自主和自涉（自我指涉），而再度產生其他的功能性的分殊。透過不同的功能體系，政治和法律都共同在利用強制性的暴力。但暴力並非萬靈丹，常有失效之時，則不同的功能體系怎樣因應暴力失效，各有不同的作法。例如在政治領域中，可藉容忍或強者的優勢，而暫時不訴諸暴力。但在法律的體系中則作法要更為小心，因為它涉及的是象徵性的期待之普遍化，也就是涉及人們守法的特殊期待之上。

　　由是可知建立在政治權力之上的暴力之減少、或擴充，是政治體系必須接受的事實。政治體系的特殊功能在控制暴力，在於保證集體而具有拘束力的決斷（決策）付諸實行。但今日政治體系的分歧化、多元化，加上政策以福利為取向的作為，使得政府控制暴力的問題沒有獲得應有的重視，以致喪失控制力的政府之正當性，不再是政治理論界加以討論的重點。與此相反的是法律體系已滲透到今日社會各角落、各個部門，這不只是法典、法條、文本之氾濫，更是向法律求助的事件有增無減。一旦法律體系阻礙了人們使用法律的管道去解決問題，那麼幾乎生活中每件事項都有訴諸暴力去求取解決的可能。

　　在這種觀點下，可以理解私人的法律關係，包括私人的權利（私法）是涵蘊何等重大的政治意義。藉由學說、教諭、判決而再生的和再現的私法問題，可以阻止意志型塑至暴力應用之間的

短路，也就是不使用暴力，而以和平的手段來解決紛爭。政治體系與法律體系的分殊，有助於當前複雜結構社會之維持與發展，任何超越體系界線，而使體系疆界趨向模糊、或「去掉分殊」（Entdifferenzierung），都會造成暴力的滋長，而使政治或法律喪失其特殊的功能（Luhman, 1999: 170-172；洪鎌德，2004c: 378-384）。

七、福利國的危機

　　當代西洋多位政治學者、經濟學者與政治理論家，對福利國的理論與實踐都提出質疑與檢討，而論述福利國家危機者最著名的早期有美國的巴藍（Paul Baran）與史維齊（Paul Sweezy），其後有歐康納（James C. O'Connor）；德國的哈伯瑪斯、歐斐（Claus Offe）、法國的郭爾茲（André Gorz）、英國的紀登斯等人。盧曼有關這方面的著作數量可觀、分析獨到，值得加以介紹。

　　當代政治結構性的危機早就受到盧曼的注意，並且在其論著中奉勸政治人物如何來處理與克服這類的危機。根據他的看法，危機源自後現代社會功能的分歧與殊別。總體社會下的各個次級系統在進行操作與表現方面不斷要求無窮盡的完善。對系統的成員而言，這種部分不增加卻要求器官過度的發展（hypertrophy），無異是成員數目不增加的情形下要求其表現能力大幅提升。這點就要靠「併入」（inclusion）原則來加以描述。所謂「併入」原則是指所有的社會次級體系要做出承諾，答應它們要盡心盡力操作與表現，俾達成總體社會每一成員均蒙其利，而且進一步答應這些利益與好處，無論是質、還是量方面都在有增無減。例如每個人要盡力獲取勞動僱傭法施行後的好處，不但薪資要隨物價上漲

而調升，還可以增長休假的日數、時數、失業保險金、救濟金，以及退休金等方面的領取。除了勞動權、生存權的保障之外，每個人還要爭取接受教育（從公辦幼稚園至社區大學），增進智能、發展機會、法律權益的保護等等權利的落實。在此情形下，當代福利國內每種次級體系乃至每個人都在彼此競爭，同時卻也相互合作，形成一種相互活動、互相磨合的遊戲。在這裏我們看出每個次級體系（社團、社群）的規範並沒有限制其表演與表現的規定；相反地鼓勵、或促進其操作的成就。舉個例子，科技體系並沒有限制其增加新知、追求更高真理、發展更尖端技術，俾擴大應用範圍之努力。另一方面諸個人在當代社會中，正在不斷自我建構其認同體、維持其認同體（學者、工程師、會計師、律師等等）。這點就靠對其所屬的社群（學界、工程界、會計界、律師界等等）之操作與表現，而有所訴求、有所主張來達成。這樣一方面次體系有所供應，產生推動的作用；他方面體系成員有所需求，產生拉扯的作用。社會便在次級體系與其會員的努力下順利運作，產生了良好的表現。

可是成員併入的要求並非可以人人如願以償，常因其所屬次級體系資源的不足而遭冷待、甚至排拒。諸種次級體系無力滿足其成員的要求，就導致當代政治體系負荷的沉重。政治體系本身負荷沉重，使它無法擺平、無法消除其他次級體系的赤字，這就導致福利國引發了「併入」的困擾（Luhmann, 1981）。福利國之下的政黨如果是採取擴大國庫開銷，增長國家機關組織的政綱，更會造成政治系統的膨脹。明知國庫空虛，民眾要求無窮，而卻把「併入」的概念無限上綱，就會造成福利國重大的財務虧空，收支失衡的危機。這在一九七〇年代中期之前，福利國所重視的為民眾實質生活水準的提高，包括充分就業、各種救貧濟窮的實物和金錢補助，公保、健保、教育津貼等物資的挹注。但一九七〇

年代中期以來，福利國卻把服務人民的項目擴大到非物質、或稱
後物資的議題之上，這包括生活品質的提升、環境污染的防止、
科技風險的減低，甚至連同性戀的生活方式與動物權利的伸張，
也紛紛列入國家施政的項目之內。這些都使福利國的問題與困難
有增無減、雪上加霜。由於政黨競爭轉趨激烈，就是一向主張政
府權限縮小的保守主義者也支持、或擴大福利國的施政計畫。任
何想要把「併入」概念降低層次的努力，只會造成某一政黨在大
選中的潰敗。

　　福利國上述抬高「併入」層次的種種福利措施會導致金錢、
法律和政治權力之膨脹，這三項（金錢、法律、權力）便成為當
代政治國家對社會干涉的武器（Luhmann, 1981, 1990）。福利國對
金錢的大量需要造成經濟的過熱，也就是長期的財經膨脹和國債
累積。社會生活每個方面遭受司法化、律制化的結果會造成特殊
法無從被嚴格遵行的弊病，官僚科層制的擴權、組織的龐大更會
使市場勢力衰退，也使社團的自律受到牽制。在這種論述與分析
下，盧曼描繪了當時（一九七〇與一九八〇年代）西德所採用的
福利國如何走向危機的路線，他也追蹤其發展與變化的軌跡。

　　盧曼奉勸政治人物要阻擋這種可能毀壞整個政治體系的負面
趨向。這種勸告有兩項：其一，對政治採取緊縮（restrictive）的
理解，以取代過去不斷擴張的雄心壯志。首先政府要明白宣示（當
然反對黨要隨聲附和），在國庫掏空、財政吃緊時，福利政策要大
為緊縮，俾人民知所節制。蓋福利國無法全力落實的原因在於資
源的短缺，這是反對無限上綱的福利政策令人信服的理由。其二，
盧曼進一步奉勸政治人物在解決國家財政困窘之餘，仍應遵守緊
縮的施政或奪權之理念。嚴格拒絕福利國政策會變成未來社會中
政治系統正確的作為。他這個訴求可以說是立基於他有關「多種
脈絡」社會中政治引導（political guidance）的理論之上（Lange and

Schimank, 2004: 66-67）。

八、政治引導與社會演展

　　一直到一九八〇年代中期，盧曼把當代社會的功能分歧與紛擾複雜當作是成功的政治引導之大絆腳石，儘管他不認為這些因素會造成政治引導成為絕響。不過在這段時期以後，他斷然否認任何透過干預性的政策可以為一個合理的社會訂定目標、達成目的。為什麼盧曼有這種「激進」的改變呢？主要的原因是他對社會有了根本不同的看法：從開放的體系轉向封閉的體系；從新功能論轉向自我調整（自生自導）的理論。這可以說他是受到「典範移轉」的影響。

　　依據盧曼的說法，在對政治決策者（當作是一個行動者，他們對社會其他次級體系——像經濟——有改變的能力）加以分析時，發現他們對現代政治的自我理解比他們對其社會現實的理解還深入妥切。不過，政治人物對時局的理解，常從其本身的角度、觀點、立場為之，有時不免陷入自滿、自恣、自欺之中，這點與真正社會學者或政治學者的觀察與分析是有所出入。是故政治人物動輒要為國家與社會的走向拍版定調，指引方向。其結果常是誤闖誤導，充滿奇想、幻想。其原因是政治人物不瞭解政治掛帥的時代業已遠颺，每個社會次級體系的地位是相等，沒有結構上垂直不平等的階梯式之高低。政治體系不再高踞社會結構的頂端，當然沒有發號施令的可能。其二，各次級社會體系之間並無共通語言可以彼此理解（Luhmann, 1989）。例如在經濟體系間流通的共同語言就是金錢，就是成本，就是價格。在經濟中只認盈虧，不計有權、無權，這種生意上的盈虧，成本與收穫的大小，無法

用政治上有權、無權的術語來衡量，來溝通，當然也與政治人物的訴求、心意、企圖南轅北轍。如果經濟要隨政治的曲調起舞，那麼它的歧異、分殊之特色便會鈍化，便會褪袪，這時政治與經濟都會喪失兩者特殊的功能。過去半世紀中，社會主義國家曾經實施「指令式的計畫經濟」（command economy），由國家的政治力量來規劃社會的經濟活動，結果這種大規模的實驗，只導致「蘇東波變天」，使整個赤色集團崩解，共產國家消失，而社會必須重建，它們變成今日的「新民主國家」（New Democracies）。即便是社會主義國家一度在政治上達成國家統一、社會現代化、教育普及、科技大躍進，但在經濟上卻是重大失敗，比起西方社會來人民幾乎生活於困苦、貧窮中，這都是血淋淋的殘酷現實。總之，計畫經濟、指令經濟造成的浪費、無效果是舊蘇聯、東歐等共產社會崩潰的主要原因。

　　儘管盧曼反對政治引導、政治掛帥，但他並沒有否認政治的干涉對社會次級體系會造成的衝擊。社會次級體系是自我產生、自我調控、自我指涉的封閉體系。但這是指該體系內部的操作、活動與溝通而言，也就是盧曼所說的規範性的封閉。但就次體系對其他次體系（次體系聯合起來稱為環境）而言，至少在吸收資源與資訊方面卻是認知上的開放。這就意味次體系會受到其他次體系，以及環境多少的影響，只是不依政治人物的意願，接受政治體係的操控而已。不管如何，盧曼認為每個次級體系，以及全社會所追求的迫切、短程之目標為存活。為了「存活〔體系〕能夠演變便足矣！」（Luhmann, 1984: 645）。他指出次級體系與次級體系之間有「結構上的耦連」（structural coupling; strukturelle Koppelung），這種耦連的關係促成次級體系及全社會一起發生演變、同時進化（Luhmann, 1995: 536-537）。每一個次級的自生體系依據其本身的規則進行演化，不過在相互交往、指涉上它們會彼

此求取適應，至少在促成全社會的整合方面都會有所貢獻。例如上面所提到的政治與法律的關係，儘管隸屬於兩個不同的次級體系，但都藉公權力的彰顯，私暴力的抑制，達到社會表面上的穩定與和諧。兩個次級體系各依其本身的發展邏輯在操作，完全不理會其他次級體系（譬如科技、經濟、文化等）的運作方式（邏輯），但雙方各也設法滿足對方的需要。例如政治需要法律來支援其權力運作的合法性；法律需要政治來對法律運作正當化。不只政治與法律有這種相互補充，彼此利益交換的關係，其他像科技與經濟、家庭與倫理、公衛與運動、休閒與文化等等，也有結構上耦連的關係，目的在本身發生演展之餘，也促成全社會進化。只是盧曼強調在各級體系一起進展中，並沒有保證全社會能夠愈來愈整合，因為一起進展、共同演化反而有造成社會分崩離析之虞。在這裏盧曼提出精闢的語錄是：「只要事事順遂，就表示事事進行得不錯」（Luhmann, 1992: 138）。

　　盧曼對福利國干涉政策的偏激批評遭致反彈，反對者認為他的推論是建立在對當代政策決斷（決策過程）的誤解之上。批評者指出政治干預的目的並不在取代、或壓制經濟、或其他次級體系自律自導的運作邏輯、運作律則。就算國家干涉（限制）到次級體係的運作，也是偶然開倒車的作法。因為在當前功能分殊的時代，只有儘量讓次級體系去發展、去自我調控，而無統一指揮，復歸主政者一言堂之可能。在這種情況下，過去納粹、法西斯、史達林的極權統治，乃至今天中東伊斯蘭教基本教義氾濫地區的神權政治（洪鎌德，2004b：331-389）都是現代化的反動，不足為訓。與此相反，當代政治系統力求謙卑地、抑制地、巧妙地影響各個次級系統之組織，俾它們的自生、自導、自涉、自描的調控能夠納入特定的軌道去運作。再說，政治系統描準特殊次級系統（譬如宗教、公衛、旅遊、休閒、運動等）之彼此互動，而給予

「脈絡性的引導」（contextual guidance），目的在尊重次體系的自生自導特性。現代集體協商的組合主義（corporatism）3之安排以及政策的網絡連繫都可以解釋福利國干涉手段的細膩而非粗糙。對這些批評盧曼的回應是說：干預政策在短期間或有奏效的表現，這就是「逐漸增大」（incrementalism）原則、或波普（Karl Popper）主張「緩步展開的社會工程」（piece-meal engineering），亦即逐步改造的原則之成功應用。但他還是堅持就一般長時期的觀察和理解來說，干預政策仍舊弊多於利，因為它呈現高度的不穩定性，而且也與政治人物、或政治學者對當代社會所信持的理念相去甚遠。事實上，長期來觀察，吾人很難斷言社會穩定、或變動的程度究竟是由於政治的引導，還是由於各次級體系的共同演變所造成的。盧曼認為建立在對外擴張的意識形態之上的福利國干涉主義對當代社會造成的弊端大於利益（Lange and Schimank, ibid. 67-69）。

九、結語

根據包曼（Zygmunt Bauman）說詞，後現代是對現代性真面目的感受與反思，企圖從現代性所產生的社會習性（多元、複雜、危機重重、風險處處、不確定性、偶連性等）下解放出來。換言之，放棄過去把社會譬喻為一個生物體，部分（器官）與部分（器

---

3 組合主義（corporatism）過去與法西斯主義、威權主義牽扯在一起，被看成是國家的威權式、集體決策式的意識形態，如今則應看作國家組合主義、也同社會的與自由的組合主義之分辨。後者亦即自由派的說詞是認為在社會、政黨、選舉等管道之外，尚應有功能性代議措施、或機制，例如資方的商會與勞方的工會代表雙方不同、敵對的利益，但可以進行集體協商來解決勞資的糾紛，而不只仰賴政府機關（如勞委會、仲裁法庭）的直接介入。

官）息息相關，部分（器官）的運作促進整體的存活。取而代之
是平等的成員，個體、群體、部分的自我認同之不斷建構（Bauman,
2000: 27-34）。在後現代中，每個行動者（個人、群體、政黨、國
家）一方面努力維護本身的認同，他方面自我認同隨時空變遷而
不斷重建。但在自我重建的努力過程上，卻需要一種超個體、超
行動者之確認，也就是需要一種集體化（collectivization）的作為。
這種朝集體化邁進的實踐，包曼稱為「部落政治」（tribal politics）。
除了追求新的部落、新的集體，成為後現代人安身立命的場所之
外，後現代人在政治領域中又追逐欲求的政治（politics of desire），
亦即在自由自主之下，選擇行動者所希冀所夢寐以求的理想。但
與欲求政治相反而又相成的卻是驚懼的政治（politics of fear）。這
是由於對後現代政治不確定性、無法信賴所引發的疑慮與恐懼。
因之，後現代人最終要追求的是確定的政治（politics of certainty），
這就要靠專家學者來鑑定保證。但這無異必須建立在誠信原則上
的政治。在此情況下，好像要把亞理斯多德道德國、倫理國的理
想重新發揚光大。這說明了政治不外公共善物（public good）之追
求，政治與倫理不可分，這也成為後現代政治社會學令人值得觀
察與省思的議題（ibid, 39-41）。

　　盧曼的政治社會學基本上符合包曼上述對後現代政治的詮
釋。特別是他的排斥福利國干預政策，與亞當·斯密（Adam
Smith）、海耶克（Friedrich August von Hayek）的自由主義者藉「一
隻看不見的手」來進行社會的自我管理有異曲同工之妙。在盧曼
的學說裏我們更可以體認現代自由派政治理論之核心，也理解藉
由自然科學（生物學、神經認知論等）與系統論（自生、自導、
自控、自描的體系論 autopoietic system）的論述，突顯了自由派有
關政治的理解，也是自由主義富有「現實性」、現實主義的面向。

　　既然政治體系與其他社會體系平起平坐，其指導性的功能逐

漸消失，其干預性的功能被盧曼所否決。因之，我們不禁要問：把他的學說推到極致是否意味著後現代政治體系的累贅與無用？是不是他夸夸其言的「社會學啟蒙」（soziologische Aufklärung）意味著多種脈絡社會中政治體系終必失蹤？人們會走上政府權限縮小的「起碼國家」（the minimal state），正如諾錫克（Robert Nozick, 1938-2002）的新烏托邦嗎（洪鎌德，2000：88-100）？

　　這種「無政府主義」的解讀，未免太偏激一點。事實上，他主要的目的在奉勸世人（特別政治人物與學者），對政治要採取緊縮的、節制的瞭解。他的著作中都視政治體系在產生集體的、有拘束力的決斷。這些具拘束力的決斷無疑地是法律規範，而法律規範的進一步型態為法律、法條、規定，有賴另一個次級體系（法律體系）的歧出、專業化一一實現。是故政治體系在為法律體系綱舉目張（program），提供權力的支撐。政治與法律體系之耦連（掛鉤、結合）可以解決社會的紛爭，這兩者的合致正是德國「法治國」（Rechtsstaat）的寫照。政治體系所以會自我節制，不敢替經濟體系借箸代籌，無非是連合法律體系來為經濟衝突排難、解紛、止訟，平息各種爭執而已。政治有其體系操作的判準，不可以隨便越界應用於其他次級社會體系營運之上。是故政治不在指導（guidance），不在治理（governance），而在管理（regulation）。這就是盧曼把十九世紀的法治國理念應用到二十一世紀權勢日衰的後現代國家之上。

　　此外，盧曼也認為福利國帶有膨脹意味的自我理解有時無意間也會替社會帶來一些好處。因為福利國會變成象徵政治（symbolic politics）中有用的工具（標籤）。在討論福利國中的大大小小的問題時，可以給其他社會次級體系對該類問題的省思，以及提供處理的方式，有時還會把某些社會關注的問題做了不經意的轉移。例如近年間對環境污染的大聲疾呼，就會使一向只注

重經濟提升（經濟成長的鼓吹）的看法轉向，儘管生態的破壞常
是種因於經濟活動的過熱。任何的公司、行號、工廠，在經濟成
長重要，還是生活素質提高的爭執下仍舊照常經營，但它們對引
發爭議的問題，則會設法去聆聽、去適應。更何況政治人物的爭
辯，炎炎大言、巧言令色可以對政治決斷（黨綱、政綱、決策）
起著粉飾、裝扮的作用，以致其他次級體系對同樣的問題的處理
方式也有群起效法的可能。要之，政治體系起著緩衝的作用，成
為社會其他諸種次級體系得以發揮其自生、自導、自涉、自描、
自我調控之分歧功能。在言不顧行、行不顧言（而非聽其言觀其
行）之下，福利國成為一種虛構的小說（fiction），它幫助當代社
會扮演「偽君子」的角色，虛張聲勢、大言不慚地說要把社會帶
往美好之境、實現共同的福祉（Lange and Schimank, op. cit.,
69-70）。這就是福利國不經意帶來的好處，這證明盧曼還不是一位
無政府主義者。

參考文獻

洪鎌德（1998），《21 世紀社會學》，台北：揚智。

洪鎌德（2000）（1998），《社會學說與政治理論－當代尖端思想之
　　介紹》，台北：揚智。二版。

洪鎌德（2004a），《西方馬克思主義》，台北：揚智。

洪鎌德（2004b），《當代主義》，台北：揚智。

洪鎌德（2004c）（2000），《法律社會學》，台北：揚智。二版。

顧忠華（1998），〈引介盧曼── 一位 21 世紀的社會理論家〉，魯
　　貴顯譯 《盧曼社會學導引》，台北：巨流圖書公司。

顧忠華、湯志傑（1996），〈社會學如何啟蒙？評介盧曼的理論發

展〉，黃瑞祺主編，《歐洲社會學理論》，南港：中研院歐美所，頁 165-190。

Bauman, Zygmunt (2000). The Sociological Theory of Postmodernity, in: Kate Nash (ed.), *Readings in Contemporary Political Sociology*, Malden, MA and Oxford: Blackwell: 27-42.

Lange, Stefan and Uwe Schimank. (2004). A Political Sociology for Complex Society, in: Kate, Nash and Alan Scott (eds.), *The Blackwell Companion to Political Sociology*, Oxford and Carlton: Blackwell Publishing, 2nd ed., 1st ed. 2001: 60-70.

Luhmann, Niklas (1977). Differentiation of Society, *Canadian Journal of Sociology* 2: 29-43.

Luhmann, Niklas (1981). *Politische Theorie im Wohlfahrtstaat*, München: Olzog. 英譯 1990.

Luhmann, Niklas (1982). *The Differentiation of society* (tran. St. Holmes and Ch. Larmore), New York: Columbia University.

Luhmann, Niklas. (1984). *Soziales Systeme: Grundriss einer Allgemeinen Theorie*, Frankfurt a. M.: Suhrkamp. 英譯 1995.

Luhmann, Niklas (1986). *Ökologische Kommunikation*, Frankfurt. a. M.: Suhrkamp 英譯 1989.

Luhmann, Niklas (1989). *Ecological Communication*, (trans. J. Bednarz Jr.), Chicago, IL,: The University of Chicago Press.

Luhmann, Niklas (1990). Political Theory in the Welfare State, (trans. J. Bednarz), Berlin and New York: de Gruyter.

Luhmann, Niklas (1992). *Beobachtungen der Moderne*, Opladen: Lesk und Budrich, 英譯 1998.

Luhmann, Niklas (1995). *Social System*, (trans J. Bednarg Jr. and D. Baecker), Stanford, CA: Stanford University Press.

Luhmann, Niklas (1997). *Das Recht der Gesellschaft*, Frankfurt a. M.: Suhrkamp, zweite Aufl.; erste Aufl. 1995.

Luhmann, Niklas (1999). *Ausdifferenzierung des Rechts: Beiträge zur Rechtssoziologie und Rechtstheorie*, Frankfurt a. M.: Suhrkamp.

揚智叢刊 49

邁向科際整合的政治學研究

策　　劃／台灣大學國家發展研究所
主　　編／李炳南
副 主 編／何輝慶
作　　者／石之瑜等
責任編輯／周海蕙、吳柏寬、李瑞清
出 版 者／揚智文化事業股份有限公司
發 行 人／葉忠賢
總 編 輯／閻富萍
登 記 證／局版北市業字第 1117 號
地　　址／台北市新生南路三段 88 號 5 樓之 6
電　　話／(02)8662-6826　2366-0313
傳　　真／(02)2366-0310
網　　址／http://www.ycrc.com.tw
　E-mail ／service@ycrc.com.tw
法律顧問／北辰著作權事務所　蕭雄淋律師
印　　刷／鼎易彩色印刷股份有限公司
　I S B N ／978-957-818-847-1
初版一刷／2007 年 12 月
定　　價／新台幣 280 元

國家圖書館出版品預行編目資料

邁向科際整合的政治學研究 ＝ Quest for
Interdisciplinary Study of Political Science /
李炳南主編；石之瑜等著. ‒ 初版. -- 臺北
縣深坑鄉：揚智文化, 2007.10
　　面；　公分. -- (揚智叢刊；49)
含參考書目

ISBN 978-957-818-847-1(平裝)

1.政治學　2. 科際整合

570　　　　　　　　　　　　　　96019104